翻轉學

翻轉學

人生理財的
失落環節
遺　產

為人父母與子女都該超前部署的財務課題

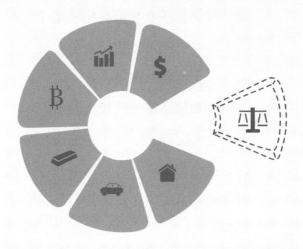

李志正 —— 著

目 錄

第3章 安排人生的最後一桶金

目 錄

好評推薦

「我們的文化中,對死亡往往避而不談,導致遺留下來的不是財富而是困擾。只有勇於面對與提早規劃,它才能成為子女受益一生的財富。」

—— Mr.Market 市場先生,財經作家

「本書開宗明義就說『繼承問題多,早知道早準備』,其實中華文化很避諱討論這些問題,但生前不處理、身故難處理的案例太多了。本書用案例跟法令面,以淺顯易懂的方式介紹繼承基本知識,很值得大家入門了解。」

—— 朱智豪,地政士、天易地政士事務所所長

「遺產是每個人必然會碰到的問題,本書以時事為例,以圖表方式進行解說,且每個案例說明的篇幅不長,符合現代人對法律知識短小輕薄的要求,謹推薦給大家!」

—— 林智群,律師

「讓作者帶著大家布局資產傳承的第一步。」

—— 胡碩匀，《節稅的布局》作者、

信達聯合會計師事務所所長

「寫好遺囑不代表可以不用跑法院，但至少可以大大減少跑法院的時間。光是好好面對『人需要規劃遺產』這件事，就會對家人有莫大的幫助！」

—— 郭憲鴻（小冬瓜），人氣 YT 頻道「單程旅行社」

前言
無論貧富，家家必備的遺產繼承 SOP

　　新聞媒體上，經常會看到許多爭奪遺產的報導與故事：有些是關於繼承人身分的有無；有些是關於遺囑到底是否有效；也有藝人驟然離世，家人面臨遺產分配的爭議問題等。

　　但遺產繼承的問題，不只會發生在豪門或藝人身上，只是因為他們本身是新聞媒體的焦點，所以才容易受到大眾關注。其實，在社會的各個角落，每天都會發生遺產繼承的相關問題，或許有一天也會發生在你的身上，除非人類可以長生不死，否則在可以預見的將來，無論貧富，你一定會遇到遺產繼承的問題。

繼承問題多，早知道早準備

　　身為執業律師，我經辦過不少遺產繼承的案件，因此非常了解相關的法律爭議問題，例如：遺產繼承人究竟是哪

些人、遺囑是否有效、繼承的手續與類型、應繼遺產的範圍、特留分的計算與扣減權的行使、遺產如何分割、遺產遭盜領、侵占如何處理及其法律責任，甚至如何預防自己的財產在生前遭不肖子女或有心人士覬覦、擅自處分，以確保將來應繼承人能順利承繼到財產，都是遺產繼承相關的重要課題。如果你能在事情發生之前，具備相關的知識，相信更能從容處理，也能有最好的安排。

本書不是以法律教科書的形式呈現，不會只有生硬的法律概念論述，而是透過具體的案例，希望能用比較輕鬆的方式，再搭配圖表呈現，讓你更容易理解有關遺產繼承方面的問題與要點，例如遺產繼承的流程雖然龐雜，但以圖表呈現，就能讓相關手續也變得更容易上手（見圖表 0-1）。

常被忽略的理財一環

許多人很會理財，對於不動產、股票等相關投資都非常拿手、有心得，但往往對於人生中可能是金額最大的理財環節——遺產，卻一無所知或一知半解，導致遺產分配不公、被嚴重課稅、繼承到債務等。

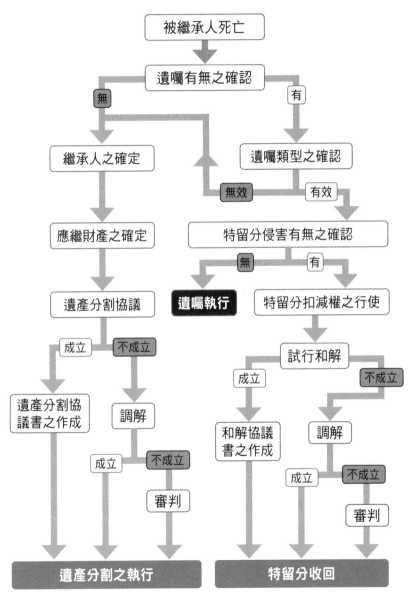

圖表 0-1　遺產繼承的流程

　　也因此本書撰寫的目的，就是希望能讓你對遺產繼承的相關問題，有更完整、全面性的了解，以防將來哪天面臨到突如其來的親人驟逝，卻因為不了解遺產繼承的相關知識，導致遺產分配、稅務繳納方面嚴重吃虧，或因不知道如何主張權利而蒙受損失。

　　甚至你也可以預先安排自己百年以後的遺產分配方式，或做好遺產稅節稅的規劃，讓後代子孫不需要因為遺產爭議而手足相殘、對簿公堂，也可以將你辛苦累積的資產繼續延續下去，圓滿完成這個最後的人生課題！

第 1 章

新聞時事，
有一天也跟你有關

01　立下的遺囑一定都有效嗎？

新聞案例 集團創辦人的遺囑爭議

　　長榮集團已故創辦人張榮發，有兩位妻子，大房林金枝生有四位子女，分別是張淑華、張國華、張國明、張國政；二房李玉美生有獨子張國煒。

　　張榮發於生前已經立好遺囑，指定由二房獨子，也就是現任星宇航空總裁張國煒，單獨繼承所有遺產及擔任長榮集團總裁，但是大房三子張國政質疑該份遺囑的有效性，向台北地方法院提出「確認遺囑無效」的訴訟。

　　該案主要有兩個爭議點：

1. 張榮發立下遺囑時，是否具「遺囑能力」？
2. 該份遺囑是否違反「密封遺囑」的法定要件？

　　這個案件堪稱是有關「密封遺囑」涉及金額最大的訴訟案件，也因此引發社會大眾的矚目，最後台北地方法院民事一審判決，認定該份密封遺囑有效。但目前該案仍在二審當中，尚未判決確定，將來結果如何，勢必會持續引發關注。

法律視角 交待後事的最好方法，但要留意效力

　　華人社會對於死亡的議題，往往比較敏感或忌諱，甚至盡量避而不談，但有時候死亡就是來得如此突然。近年來，陸續在新聞上看到幾位藝人，正值壯年就突然猝逝，令親愛的家人與朋友措手不及，而這兩年台灣因為罹患新冠肺炎而突然過世的人也不在少數。

　　如果能在生前預立好遺囑、交代身後事宜，將可避免後代子孫為了遺產對簿公堂，如果後代子孫為了遺產而產生紛爭，甚至反目成仇，這恐怕是身為父母或長輩最不樂見的一件事。

　　什麼是遺囑？「遺囑」就是被繼承人於生前所為，在被繼承人死亡時才會發生效力的一種法律行為，主要目的是在表達遺囑人身後一切財產該如何分配或處置。

　　關於遺產的分配，假設被繼承人沒有留下遺囑，那麼遺產的分配方式，就只能依照法律規定來處理，如果繼承人間無法達成如何分割的共識，就必須透過法院才有辦法分割；如果被繼承人留有遺囑，遺產的分割方式就有脈絡可循，繼承人間也較不容易產生爭執。

　　法律規定的遺囑種類總共有五種：自書遺囑、公證遺囑、密封遺囑、代筆遺囑和口授遺囑。視不同情況或每個人不同的需求，選擇作成遺囑的方式也會不一樣，而遺囑的作成，在法律上有一定的方式和要件規範，所以在準備預立遺囑之前，還是務必要先注意《民法》中相關的法律規定。

　　除了遺囑作成是否符合法定要件，另一個重點是，立遺囑人於遺囑作成時是否具備「遺囑能力」？如果遺囑是在立遺囑人無意識或精神錯亂中所為，則該份遺囑即使是本人所作，也應屬無效。

　　所以如果是利用長輩無意識或精神錯亂中而作成遺囑，雖然遺囑的形式符合法律規定，但實質上作成遺囑的人不具備遺囑能力，這份遺囑在法律上還是屬於無效的遺囑。

　　有關遺囑作成的法定方式、遺囑能力等相關問題，第3章會有更詳盡的說明與分析。

02 非婚生子女是否有繼承權？

新聞案例 企業第二代的親子關係訴訟

2017 年，男子徐國璋主張，自己是新光集團洪家第二代洪文棟的親生兒子，卻不被洪文棟承認，最後徐國璋向法院訴請確認親子關係。

徐國璋表示，洪文棟與母親徐英妹交往並生下他，但當時洪文棟已婚，因此母親獨力扶養他，直到 10 歲才帶他與洪文棟相認。每次見到洪文棟都稱呼「爸爸」，洪文棟從未否認，洪文棟甚至還和徐國璋討論結婚、返台工作等事，洪文棟也曾先後匯款 9 萬美元到他的帳戶，支付他的學費與心臟手術費用。

洪文棟則向法院主張非徐國璋生父，且戶籍資料顯示，徐國璋出生登記時的母親為胡姓女子，後來才由徐姓女子收養，至於贈與金錢，不是因為徐國璋是自己子女，而是出於

幫助認識故舊好友的子女。

法院認為，胡姓女子在 1972 年間曾向檢察官自白，徐國璋其實是徐英妹所生，並非胡女親生。法院也認為，洪文棟曾匯款學費及醫療費給徐國璋，顯見確有撫育之實，應視為洪文棟已為認領的表示，加上如果徐國璋不是自己的親生骨肉，洪文棟也不可能任由徐國璋稱呼他「爸爸」。

全案審理期間，洪文棟始終拒絕親子血緣鑑定，但法院一、二審均認定徐國璋是洪文棟的兒子，判認雙方親子關係存在，最後上訴到最高法院也被駁回，全案於 2020 年 8 月間定讞。

法律視角 認領的小孩也享有婚生子女的權利

法律上有一項「認領」的制度*，簡單來說，就是生父出面承認孩子是他的。一般狀況下，最簡單的方式是，如果生父至戶政事務所辦理認領登記，孩子就會被認定視為生父的婚生子女，在法律上跟生父的關係與婚生子女相同，享有同

---

* 《民法》第 1065 條第 1 項參照。

等於婚生子女的法律上權利。

在前文案例中，因為洪文棟否認與徐國璋間的親子關係，所以不可能去辦理認領登記，但因為洪文棟有支付生活費、教育費等扶養費用的事實，因此可以認定有撫育徐國璋的行為，徐國璋確實可以向洪文棟提起「確認親子關係存在」的訴訟。

在法律上，除了配偶，第一順位的繼承人是「直系血親卑親屬」，一般而言，也就是所謂的子女，所以到底是否具備子女的身分，在繼承關係上，會直接影響繼承權的有無。

洪文棟於 2018 年 11 月過世，他在第一段婚姻育有三女一子，與歌仔戲國寶楊麗花結婚後並無小孩，本來洪文棟的遺產應由楊麗花與四名子女繼承，但在徐國璋獲得確認親子關係存在的訴訟勝訴確定後，除非洪文棟生前另有預立遺囑做不同分配，不然洪文棟的遺產應改由徐國璋、楊麗花與其他四名子女平均繼承，但就算洪文棟預立遺囑，徐國璋最少應該還是可以獲得特留分 * 的保障。

有關應繼分和特留分等相關問題，第 5 章會有更詳盡的說明與分析。

---

* 指法律特別留給法定繼承人的部分。也就是不論被繼承人的遺囑如何分配遺產，法律仍會強制保留部分遺產給每一位法定繼承人。

03 子女一定可以繼承到遺產嗎？

新聞案例 讓不孝子一毛錢也分不到

住在桃園的一名曾姓男子，他是家中獨子，雖有姊妹，但無其他兄弟，大學畢業後沒有出去找工作，反而染上酗酒和賭博的惡習，不斷向家中老父親討錢，還多次咒罵父親「要把你氣死」、「早點去死」、「你死了財產都是我的」，父親生病也不帶他去看醫生，自認父親死後財產都將會是他的，咒罵父親早點死。

父親一怒之下立下遺囑，表示將來死後遺產不給兒子繼承，臨終還一再囑咐太太和家人「不要違背遺願」，他去世後留下數千萬元房地產，曾姓男子雖一再爭取，但母親主張他不孝、侮辱父親，於是遵從父親遺願，不讓他繼承。

法院最後判決，曾姓男子沒有繼承權，遺產全部由母親和曾姓男子的姊妹繼承。

法律 視角 喪失繼承權的兩大要件

前文案例，主要牽涉到《民法》第 1145 條第 1 項第 5 款：「對於被繼承人有重大之虐待或侮辱情事，經被繼承人表示其不得繼承者。」的適用問題，依照這一條款的規定，喪失繼承權的要件有二：

1. 繼承人對被繼承人有重大之虐待或侮辱。
2. 須被繼承人表示繼承人不得繼承。

對被繼承人「侮辱」，是指對被繼承人的人格有毀損的意思，至於是否為「重大」的侮辱，須依客觀的社會觀念衡量，必須考量當事人的教育程度、社會地位、社會倫理觀念等，視具體個案決定，也不是只憑被繼承人的主觀認定，否則如果被繼承人因為一點小事，或因為被繼承人主觀的好惡，就要剝奪繼承人的繼承權，除了會讓特留分的規定形同虛設，對繼承人來說，可能也會不公平。

另外，條文中的「表示」，除了被繼承人有作成遺囑、寫在遺囑內容中，法律並沒有規定一定要用書面或何種形式表達，也無須對特定人表示，所以實務上如果有任何證據

（例如：錄音、錄影或人證），可以證明被繼承人確實有表示過繼承人不得繼承的話，就可以符合「表示」這個要件，不一定要寫在遺囑裡才算。

回到前文案例，曾姓男子在父親生前多次咒罵父親「要把你氣死」、「早點去死」、「你死了財產都是我的」，父親生病也不帶他去看醫生，大罵父親早點死，法官認為已經屬於「有重大之侮辱」，所以判定曾姓男子喪失繼承權，因此他無法繼承父親過世後留下來的任何遺產，甚至連特留分也沒有。

有關繼承權喪失事由與相關問題，第 2 章會有更詳盡的說明與分析。

04 未婚伴侶有繼承權嗎？

新聞案例 年輕藝人驟逝後的遺產分配

　　藝人小鬼（黃鴻升）生前是知名度相當高的台灣藝人，過世前還有四個節目主持的工作，然而卻在 2020 年 9 月驟逝，突如其來的消息，讓全國民眾及所有粉絲既震驚又不捨，也令人感嘆生命無常。

　　小鬼的父母早已離婚，小鬼是由父親扶養長大，小鬼過世後，留下一棟位於台北市北投區的豪宅，雖然小鬼有女朋友，但兩人沒有結婚。

　　小鬼生前並沒有留下任何遺囑，在這樣的情況下，究竟小鬼的遺產應由何人繼承？繼承的比例又是如何？還有哪些繼承上的問題呢？

法律
視角 遺產繼承人的優先順序

　　依據《民法》第 1138 條的規定，遺產繼承人，除了配偶，依下列順序定之：1. 直系血親卑親屬；2. 父母；3. 兄弟姊妹；4. 祖父母（見圖表 1-1）。

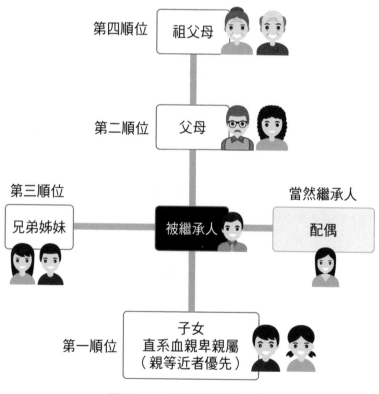

圖表 1-1　遺產繼承人順序

藝人小鬼生前有女朋友，但兩人沒有結婚，就法律上來說，小鬼沒有配偶，也沒有小孩，所以在沒有配偶也無子女的情況下，繼承人會變成第二順位的父母親。

雖然小鬼的父母早已離婚，小鬼是由父親扶養長大，但是如果小鬼生前沒有留下任何遺囑的話，依照目前的法律規定，小鬼的所有遺產應由父母平分，即使父母已經離婚，甚至母親與父親離婚後已經改嫁，也不會影響小鬼母親的繼承人資格及法律規定的應繼分 *。

如果不想自己身後的遺產只能按照法律的規定來分配，就要預立遺囑，否則以前文案例來看，不管小鬼受父親照顧及扶養的時間較長、與父親的感情多好，皆無法改變繼承人的應繼分比例。

若想對遺產做特殊分配，即使年紀尚輕，最好也要事先準備好遺囑，表明遺產要留給誰、分配多少。以小鬼的案例為例，如果小鬼有留下遺囑，並且表明要將所有遺產都給父親，那麼小鬼的母親最多也只能主張原本應繼分的二分之一，也就是全部遺產四分之一的特留分。

就遺產的範圍而言，除了常見的不動產或銀行存款等動

---

* 繼承人應當可以繼承的比例。

產，還包括著作權、商標權等智慧財產權，小鬼身為藝人，曾經發行過專輯，所以遺產也會包含此部分的智慧財產權。

遺產繼承，除了繼承到財產，**被繼承人生前所留下的負債，也在繼承的範圍**，所以如果小鬼所遺留下來的不動產還有貸款未還清的話，**繼承人也必須要繼承這筆債務**，按時向銀行繳交貸款，否則房屋可能會遭到銀行聲請法拍。

每個人都不知道自己的生命有多長，如果青壯年時就突然離世，經常是「上有高堂，下有妻房」，未免措手不及，有些事我們或許可以預先為家人或所愛的人規劃，避免他們在面對至親突然離開的悲傷狀況下，還要擔心生計或負擔高額的稅金，我想這些都不是我們所樂見的，所以為所愛的人及早規劃，有其必要性。

有關遺產的範圍，以及遺產稅申報時如何才能節稅等問題，第 5 章和第 7 章會有更詳盡的說明與分析。

05　拋棄繼承後，可以反悔嗎？

新聞案例　以為只有債務而拋棄繼承

　　一名住在基隆的李姓男子，父親是一名印尼華僑，來台結婚後僅育有獨子李男，李男平常鮮少與父親連絡，2019年5月，他才從舅舅口中得知，父親已經過世且留有巨額負債，因為擔心要替父親還債，或背上負債務官司，所以他馬上到法院辦理了拋棄繼承。

　　豈料六天後，父親的委任律師卻上門告知他，李父在台北南港、基隆都擁有千萬房產，扣除債務後至少還有500萬元遺產，聽完後李男立刻趕到法院聲請撤回拋棄繼承，但已經來不及了，最後李父遺產500萬元將由遠在印尼、從未來過台灣的叔叔繼承。

法律視角 辦理前想清楚，辦理後無法撤回

「拋棄繼承」是指繼承開始後，依法有繼承權的人，依法定方式做出否認繼承效力的意思表示，也就是說，應該繼承的人，具狀向法院表示，不要繼承被繼承人遺留財產上的一切權利及義務，包含全部財產、債權及債務。如果確定被繼承人的負債大於資產，建議可以直接辦理拋棄繼承。

因為拋棄繼承是無相對人的單獨行為，所以繼承人只要以書面向法院提出拋棄繼承的意思表示，即產生拋棄繼承的效力，並溯及至繼承開始時其應繼分的歸屬確定，也就是被繼承人死亡時，拋棄人就不是繼承人，不繼承被繼承人的任何權利義務。如果繼承人事後反悔，再具狀撤回拋棄繼承之意思表示，也不會產生撤回的效力。[*]

所以繼承人在辦理拋棄繼承手續前，千萬要想清楚，而且要調查清楚被繼承人的財產與負債狀況，不要辦完拋棄繼承才後悔，恐怕就來不及了。

實務上曾發生，辦完拋棄繼承後，才發現被繼承人有自己不知道的遺產存在，那時候想要再撤回拋棄繼承，就不可

---

[*] 台灣高等法院暨所屬法院 100 年法律座談會民事類提案第 13 號、司法院 76 年 8 月 14 日（76）廳民三字第 2718 號函參照。

能了，只能看著遺產讓下一順位的繼承人繼承，空留遺憾。

有關遺產清查、拋棄繼承的相關問題，第 4 章會有更詳盡的說明與分析。

06 沒有配偶、子女,遺產誰繼承?

新聞案例 資深藝人逝世後的繼承問題

資深藝人羅霈穎於 2020 年 8 月驟逝,享年 59 歲,羅霈穎在演藝圈工作近四十年,知名度相當高,爽朗豪邁、有話直說的個性深受觀眾喜愛,驟逝的消息,讓各界及所有粉絲既震驚又不捨。

羅霈穎名下於國內外共有數筆房地產,總價值估計約新台幣 4 億元,羅霈穎生前未婚,無配偶也無子女,也沒有預立遺囑。

據媒體報導,家人原本打算由羅霈穎的母親繼承,但面對複雜的種種手續,最後她的母親及大哥選擇拋棄繼承,改由二哥繼承,接手處置遺產事宜。

法律 視角 拋棄繼承的順位

被繼承人過世，究竟誰有繼承權？前文提到，遺產繼承人除了配偶，依下列順序定之：

1. 直系血親卑親屬。
2. 父母。
3. 兄弟姊妹。
4. 祖父母。

藝人羅霈穎生前未婚，無配偶也無子女，在這樣的情況下，會變成由第二順位的父母親繼承，但羅爸爸已經不在了，所以羅霈穎的遺產原本依法應由羅媽媽一人單獨繼承。

但羅媽媽辦理拋棄繼承，這些遺產就會再由下一順位繼承人繼承，也就是羅霈穎的兩個哥哥，而羅霈穎的大哥也辦理拋棄繼承，所以最後變成由她的二哥一人繼承。

有關遺產繼承人的順位、拋棄繼承及辦理遺產繼承等相關問題，第 2 章和第 4 章中會有更詳盡的說明與分析。

07 雖是繼承人，
為什麼有可能變被告？

新聞案例 後母提領亡父存款事件

一名周姓資深媒體人的父親在 2010 年過世後，三個兄弟姊妹發現，後母竟然在三天內提領父親名下將近三千萬元的存款，因此憤而向後母提告。

後母辯稱，銀行存摺與印章是亡夫生前交付她保管，領出來的錢是亡夫生前授權她，用來購買墓地、支付喪葬費等用途。

但法院審理後認為，即使亡夫生前有授權，但委託關係會隨委託人過世而消滅，亡夫過世後所有存款皆屬遺產，為全體繼承人公同共有，即使後母也是繼承人，但沒有經過其他繼承人的同意而擅自提款，因此觸法。

法律 視角 遺產分割前，不得擅自提領

實務上經常發生一種狀況，就是被繼承人死亡後，部分繼承人，盜領被繼承人留下的銀行存款，這時其他繼承人除了可以透過民事訴訟途徑請求返還，盜領遺產的繼承人，還會面臨負擔刑事責任的問題。

被繼承人過世後，其名下財產均為遺產，於遺產分割前屬全體繼承人公同共有[*]，未經全體繼承人同意，不得擅自提領、處分，如未經全體繼承人同意，至銀行臨櫃填載取款憑條，盜領被繼承人的存款，會有刑事與民事兩方面的責任。

刑事責任部分，可能會有偽造私文書、行使偽造私文書罪、詐欺取財罪等刑責；民事責任部分，則會有侵權行為損害賠償責任、不當得利返還責任。

銀行存款戶亡故後，繼承人如欲提領被繼承人的存款，應由申請人提示存款證明、存款人死亡證明書、戶籍謄本、遺產稅繳清證明書、可確認為合法繼承人之證明，以及繼承存款申請書、繼承系統表、繼承人印鑑證明，若繼承人為一人以上，委任其中一人代表領款，除上述文件，應另提出全

---

[*] 《民法》第 1151 條參照。

體繼承人簽章之委託書或拋棄繼承權聲明書。以上為銀行存款繼承作業處理的標準程序。

另外必須注意的是，縱使原本受被繼承人授權代理處理事務，但**被繼承人一旦死亡，人格權利即消滅，其權利能力立即喪失，也就無法授權或同意別人代理**，除法律有特別規定，原代理權當然就不在了。

如果繼承人仍以被繼承人本人的名義製作文書，例如在銀行取款憑條上簽被繼承人的名字來提款，就屬於無權製作的偽造行為，若偽造行為會損害公眾或他人，即會構成偽造文書罪責。

實務上，大部分法院認為，繼承人之一所提領的款項是否全數用作支付被繼承人醫藥費、喪葬費之用，與其行為是否構成偽造文書、詐欺取財等罪，沒有影響，也就是提領行為確實構成刑事犯罪；不過也有一些法院的看法認為，如果提領的款項金額不高且全數確實用於被繼承人之喪葬費用，則認為提領使用者沒有不法所有的意圖，所以不構成犯罪。

有關遺產盜領、侵占，以及如何處理等問題，第 5 章會有更詳盡的說明與分析。

08　非繼承人，可以分到遺產嗎？

新聞
案例 ## 金馬影帝的遺產分配

　　金馬影帝陳松勇演出過許多膾炙人口的戲劇，因為他一生未婚無子女，晚年生活多倚賴印尼籍看護 Y 照應，有媒體形容陳松勇對看護 Y 視如己出，兩人關係情同父女，還曾透露要將遺產留給她，看護 Y 也都稱呼陳松勇為「爸爸」。

　　不過，根據媒體報導，陳松勇於 2021 年過世時，他的法定繼承人，也就是兩位弟弟，似乎一度對陳松勇遺產分配有不同想法。所幸後來經過協調，陳松勇的兩位弟弟，以及印尼籍看護 Y 均有分得陳松勇的遺產。

法律 視角 透過遺贈，讓非繼承人獲得遺產

前文案例中，由於陳松勇未婚，無子女，父母也已經過世，依照前文介紹的繼承順序，是由第三順位的兄弟姊妹繼承他的遺產。陳松勇有兩位弟弟，如果沒有特殊原因導致不得繼承，兩位弟弟都是陳松勇的法定繼承人。

依照《民法》第 1141 條規定，同一順位的繼承人有數人時，原則上按人數平均計算。前文案例中，陳松勇的兩位弟弟各可以獲得二分之一的遺產，這就是所謂「應繼分」，也就是繼承人應當可以繼承的比例。

《民法》對於應繼分有一些特別的規定，對配偶有比較多的保障，舉例來說，如果配偶與子女共同繼承，是按人數平均計算他們可以得到的應繼分；如果被繼承人無子女，形成配偶與被繼承人的父母或兄弟姊妹共同繼承，那麼配偶的應繼分是遺產的二分之一，剩下二分之一再由被繼承人的父母或是兄弟姊妹按人數平均計算。

不是繼承人，也是可以獲得被繼承人的遺產。最常見的是透過遺囑，將自己的財產分配給繼承人以外的第三人。像是前文案例中的看護 Y，據了解，正是陳松勇透過遺囑，將財產分配給她，這在《民法》上稱作「遺贈」，也就是透過

遺囑贈與財產，讓不是繼承人的人也可以獲得遺產。

如果被繼承人透過遺囑將自己的財產「全部」遺贈給繼承人以外的第三人，將會侵害繼承人受《民法》保障的特留分，此時繼承人可以對受遺贈人主張「扣減」，將自己的特留分要回來。

所謂特留分，是指《民法》對繼承人所能繼承的數額，定下最低的保障比例，例如配偶、直系血親卑親屬、父母的特留分，是他們應繼分的二分之一。以前文案例而言，陳松勇兩位弟弟各自的特留分比例就是他們應繼分（二分之一）的三分之一，也就是陳松勇全部遺產的六分之一。如果陳松勇透過遺囑，將自己全部的財產都遺贈給繼承人以外的第三人，他的兩位弟弟就可以對受遺贈人主張扣減，獲得特留分。

有關遺贈及特留分遭侵害時，應如何處理等問題，第5章會有更詳盡的說明與分析。

第 2 章

最常發生糾紛的
繼承環節

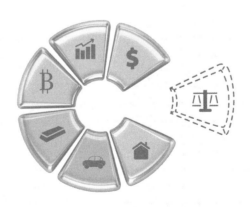

09 複雜家庭關係的繼承問題

案例討論 同父異母的兄弟姊妹也能繼承嗎？

「那天，我正在上班，人在南部的媽媽突然打電話給我，說重病多年的爸爸走了。爸爸有留下一些遺產，但沒有留下任何遺囑。爸爸之前有一段婚姻，跟前妻有兩個兒子，不過當初離婚時，小孩的親權約定是歸他前妻，所以兩個小孩是跟前妻住，後來幾乎也都沒有往來，我跟兩個同父異母的哥哥雖然只見過一、兩次面，但還是有聯絡方式，能找到人。另外，我本來還有一個妹妹，妹妹雖然是爸媽收養來的，但跟我們感情很好，不過兩年前因為癌症病逝了。妹妹有兩個小孩，目前是跟他們的爸爸住在一起，我們都還有密切的往來。」黃先生說道。

黃先生接著問：「請問律師，這樣的話，爸爸的遺產究竟誰有繼承權？遺產又該如何分配或處理呢？」

繼承順位和代位繼承的釐清

如果被繼承人過世，究竟哪些人是法定繼承人？

繼承人的種類

一、當然繼承人

配偶有相互繼承遺產的權利，且不需要與其他親屬比較先後順序，即為當然繼承人之一。配偶的應繼分，依照下列不同繼承狀況決定[*]：

1. 與被繼承人的「直系血親卑親屬」同為繼承時，應繼分與其他繼承人平均。

2. 與被繼承人的「父母」或「兄弟姊妹」同為繼承時，應繼分為遺產的二分之一。

3. 與被繼承人的「祖父母」同為繼承時，應繼分為遺產的三分之二。

4. 如果被繼承人沒有子女、孫子女、父母、兄弟姊妹或祖父母時，應繼分則為遺產全部。

---

[*] 《民法》第 1144 條參照。

　　成為當然繼承人的「配偶」前提，是必須於被繼承人死亡時，雙方間存有合法的婚姻關係，以我國現行法規來說，如果雙方沒有辦理結婚登記，則不符合結婚要件；如果被繼承人死亡前，雙方已經離婚，那麼也不能以「配偶」的身分主張有繼承權。

　　被繼承人與配偶間，除非雙方有另外約定採用「共同財產制」*或「分別財產制」†，否則一般都是適用所謂的「法定財產制」。適用「法定財產制」的夫妻，雖然結婚後各自的財產是獨立的，但是依據法律規定，如果夫妻「離婚」或「一方死亡」，法定財產制因此消滅時，就會有計算剩餘財產差額及分配的問題。

　　剩餘財產差額計算方式為，夫妻雙方現存的婚後財產，扣除婚姻關係存續中的債務，以及因繼承或其他無償取得的財產後，計算出雙方「各自的剩餘財產」，再比較雙方剩餘財產的多寡，計算「差額」。剩餘財產較少的一方可以向另一方，請求分配「雙方差額的一半」。

---

* 《民法》第 1031 條規定，夫妻之間的財產及所得，除了「特有財產」，其餘都合併為共同財產，屬於夫妻共同擁有。

† 《民法》第 1044 條規定，分別財產，夫妻各保有其財產之所有權，各自管理、使用、收益及處分。

如果想要知道更詳細的介紹與說明，可以參閱第 5 章中有關「夫妻剩餘財產差額分配請求權」的內容。

二、血親繼承人

遺產繼承人除配偶，其他繼承人的繼承順序依照圖表 2-1 順序決定[*]：

當然繼承人	繼承人順序	身分關係
配偶	一	直系血親卑親屬
	二	父母
	三	兄弟姊妹
	四	祖父母

圖表 2-1　繼承人順序與關係

有前面順位繼承人時，後面順位的繼承人就不能繼承，除非前面順位的繼承人都拋棄繼承或死亡，才會由下一順位的繼承人繼承。

「直系血親卑親屬」簡單講就是子女、孫子女，但是以

---

* 《民法》第 1138 條參照。

親等近者為優先，也就是子女、孫子女同時存在時，以親等較近的「子女」優先繼承，孫子女就沒有繼承權了 *。

父母就算離婚，親權不管歸屬何人，子女對於父母的遺產，皆有繼承權，除非後來被他人收養。

「養子女」在法律上屬於「擬制血親」，也就是養子女與養父母間的親屬關係，原則上與親生子女一樣 †，而且養子女的應繼分與親生子女的應繼分，也無不同。

夫妻離婚後，再婚對象的子女，簡稱為「繼子女」。繼子女在法律上並非直系血親卑親屬，僅為直系姻親卑親屬，所以繼子女對繼父母的遺產，並無繼承權，除非繼父母有收養繼子女。

養父母在法律上就是養子女的「父母」，基於「父母」的身分，也可能對養子女的遺產有繼承權，但繼父母對繼子女的遺產就沒有繼承權。

第三順序的「兄弟姊妹」，除同父同母的全血緣兄弟姊妹，同父異母或同母異父的半血緣兄弟姊妹間，也有繼承權；養子女與養父母的親生子女間，也是有兄弟姊妹關係，互相

---

* 《民法》第 1139 條參照。
† 《民法》第 1077 條參照。

也有繼承權。

三、代位繼承人

所謂「代位繼承」，指的是第一順位的繼承人，也就是直系血親卑親屬，如於繼承開始前「死亡」或「喪失繼承權」，會由其直系血親卑親屬代位繼承其應繼分[*]。

簡單講，最常見的狀況就是，被繼承人的「子女」在被繼承人死亡前就過世的話，那麼就由該子女的子女，也就是被繼承人的「孫子女」，代位為繼承人，其應繼分與原本相同，如果不只一個代位繼承人的話，則由代位繼承人間平分該應繼分。

如果不是第一順位的繼承人，就不會有代位繼承的問題，因為法律僅限定於第一順位的繼承人才適用代位繼承，其他順序的繼承人縱使有於繼承開始前死亡或喪失繼承權者，也不會產生代位繼承的問題。

例如，被繼承人如果沒有結婚、沒有子女，父母也已經過世，依據法律規定，應該由第三順位的兄弟姊妹為繼承人，但如果兄弟姊妹在被繼承人死亡前已經過世，那麼兄弟

---

[*] 《民法》第 1140 條參照。

姊妹的子女並無法適用代位繼承的規定繼承。許多人對此存有誤會，在這邊特別向大家釐清。

代位繼承僅限於被代位人於繼承開始前「死亡」或「喪失繼承權」，如果是「拋棄繼承」的話，不能主張代位繼承！

黃先生的媽媽基於「配偶」的身分，為當然繼承人，這點無庸置疑。

接著討論第一順位的「直系血親卑親屬」。雖然妹妹是收養的，但依法跟親生子女並沒有不同；兩個同父異母的哥哥，雖然爸爸不是他們的親權人，但是父子血親關係還是存在，兩個同父異母的哥哥，也是繼承人之一。

所以第一順位的「直系血親卑親屬」，原本應該有黃先生、黃先生的妹妹，以及兩個同父異母的哥哥，但因為妹妹已經先過世了，所以依法應該由妹妹的兩個小孩代位繼承其應繼分。

因此就繼承人而言，就是黃媽媽、黃先生、兩個同父異母的哥哥，還有黃先生妹妹的兩個小孩。

10　如何避免非親生子女繼承？

案例討論　我的孩子不是我的孩子

A 君和律師約好時間後，便到事務所談一件令他感到很困擾的事。

A 君是人人眼中的富二代，A 君的爸爸是胼手胝足、認真打拚的傳統產業企業家，A 君雖然對家族事業沒興趣，但在父母用心栽培下，曾留美攻讀財經碩士，目前在外商投資銀行工作，外表雖然稱不上帥氣，但也算是彬彬有禮、談吐不凡。

「律師，她怎麼可以這樣對我！」A 君忿忿不平地陳述自己的委屈。

A 君跟太太結婚後三年，兩人才有了愛的結晶，得知太太懷孕後，A 君就跟太太討論，希望太太能辭去工作，在家中專心養胎，不要太勞累，太太最後也同意，於是辭去原本

時尚雜誌社的編輯工作。

孩子出生後，因為 A 君工作忙碌，每天早出晚歸，而且必須經常到國外出差，所以照顧小孩的責任都落到太太身上，因為太太一個人照顧小孩，壓力很大，兩人開始常常發生爭吵。但 A 君實在沒辦法分擔太多照顧小孩的責任，於是太太提出先回娘家住，起碼娘家的父母已經退休，可以幫忙照顧小孩，A 君週末再來看小孩就好。

A 君想了想，也答應了太太的提議，於是兩人便開始分居，直到現在小孩已經三歲多，上幼稚園小班了，太太也重返職場工作。但兩個人的感情，在這三年裡卻漸漸淡了，除了週末會去看太太、小孩，A 君平常都忙於工作，頂多偶爾跟孩子視訊，夫妻除了孩子的事，慢慢地已經沒有其他情感面的交流，變得相敬如「冰」。

「所以她就跟我說要離婚，還說離婚後我們仍可以是好朋友，不然繼續這樣下去，我們將來可能會變仇人，這樣對孩子不好，她希望我先跟她離婚，讓彼此冷靜、保留空間，將來如果有機會，或許還可以再當夫妻。沒想到這只是精心設計的騙局！」A 君把當初前妻要求離婚的過程說給律師聽，不敢相信前妻為了要離婚，編織了許多似是而非的理由，現在一切總算真相大白，但事實卻是殘酷又傷人。

　　離婚後，某天 A 君接到戶政事務所通知，要決定新生兒姓氏的問題，A 君滿心狐疑的打電話去戶政事務所質問，才發現原來前妻近日竟生下一名小孩，戶政事務所人員說：「因為推算新生兒出生時間，你前妻是在你們婚姻關係存續期間受孕，所以這個孩子依法而言是你的，又因為小孩出生後應立即登記，當父母其中一方已申請辦理出生登記，卻無約定新生兒的名字，經戶政事務所催告另一方仍不協助辦理時，得由申請辦理的父親或母親決定新生兒的名字，所以我們必須通知你。」

　　「律師，這三年來我和前妻聚少離多，這第二個孩子根本不可能是我的孩子，我該怎麼處理？」A 君問道。

　　律師說：「這並不困難，你只要向法院提起『婚生否認』的訴訟，如果她否認，認定小孩是你的，你可以提出雙方分居已久的證明，向法院要求與小孩親子鑑定，就能真相大白。不過我想對方應該也不會堅持小孩是你的，只是當初自己做了對不起你的事，又難以向你開口，只好想辦法讓你同意離婚，最後才發現這小孩在法律上還算是你的孩子，不是離婚就能瞞得了你。」

　　A 君點了點頭，似乎有所領悟。

　　律師繼續說：「『婚生否認』必須從你知道小孩不是你

的，二年內提起訴訟，一旦過了兩年，就沒辦法處理了，小孩將來在法律上就會是你的婚生子女，對於你將來的遺產也會有繼承權。」

「當然不能讓他繼承，那就拜託律師幫我處理了！」A君下定決心要盡快解決這件事。

法律 視角 「婚生否認」推翻「婚生推定」的訴訟

依照《民法》相關規定，孩子如果是在婚姻關係中受胎而生[*]，則為婚生子女，丈夫被推定為孩子的父親。在一般正常婚姻關係下，這不會有什麼問題，但是在某些情況下，例如夫妻雖然還有婚姻關係，但已經感情冷淡且分居許久，根本沒有性生活，在分居這段期間，如果太太跟其他人發生性關係生下小孩，則生下來的小孩在法律上也會被推定為是配偶的小孩[†]。

---

[*] 依《民法》第 1062 條第 1 項規定，從子女出生日回溯第 181 日起至第 302 日止，為受胎期間。

[†] 依《民法》第 1063 條第 1 項規定，妻之受胎，是在婚姻關係存續中的話，推定其所生子女為婚生子女。

就算小孩是在雙方離婚後才出生，只要從小孩出生日回溯第 181 日起至第 302 日止，這段「受胎期間」是在雙方婚姻關係中，那麼法律上還是會推定這個小孩的父親是前面配偶的。

不過這項法律上的推定，並不是絕對，只要夫妻其中一方得知小孩非自己親生，並能提出證明的話，二年內都可以提起「婚生否認之訴」*，推翻法律上的婚生推定。

在法律上，繼承人除了配偶，第一順位的繼承人是「直系血親卑親屬」，也就是子女，所以到底是否具備子女的身分，會影響繼承權的有無。

所以如果 A 君沒有向法院提出婚生否認的訴訟，依據法律規定，離婚後前妻生下的第二個小孩，因為推算受胎期間是在 A 君與前妻婚姻關係存續中，所以法律推定這個小孩是 A 君的小孩。

想要推翻這項推定，必須經由法院判決，否則將來 A 君過世後，第二個小孩依法也是繼承人之一，A 君的遺產將由「真正的孩子」與「名義上的孩子」兩個人平分，而不是由

---

* 《民法》第 1063 條第 3 項規定，夫妻之一方自知悉該子女非為婚生子女，或子女自知悉其非為婚生子女之時起二年內為之。但子女於未成年時知悉者，仍得於成年後二年內為之。

「真正的孩子」單獨繼承全部。

如果 A 君知道小孩不是他的之後兩年內過世了，或甚至在還不知道就過世了，那麼依據《家事事件法》的規定，**繼承權被侵害的人可以自 A 君死亡一年內，提起婚生否認的訴訟**；又如果 A 君在提起婚生否認的訴訟後不幸過世，繼承權被侵害的人，可以在知道 A 君死亡時起十日內聲明承受訴訟[*]，也就是接手 A 君的婚生否認訴訟，以保護繼承權受侵害之人的權益。

---

[*] 《家事事件法》第 64 條參照。

11 有沒有配偶身分，會影響繼承權

案例討論 親愛的，你還是我老公

　　「我們結婚十多年了，期間他有將近十年的時間都在大陸工作，一開始每個月都會回來看我跟小孩，後來變成一季回來一次，到最後半年、一年才看到他一次，聽他朋友說，他應該是在那邊有小三了。那天他跟我攤牌，說因為那邊的小三懷孕了，要跟我離婚，我一氣之下，就在離婚協議書上簽名蓋章，然後跟他去戶政事務所辦理離婚登記。」坐在會議室裡的女人大約四十出頭，道出她跟先生的離婚過程。

　　她接著說：「那時候我心裡只想著『我不想再見到這個人』，所以在他同意把兩個小孩的監護權給我，以及每個月付我 3 萬元扶養費後，我就在離婚協議書上簽名蓋章了，但因為那時候還不想讓朋友和家人知道，也找不到見證人，所以我先生就刻了他兩個姊姊的印章，在離婚協議書上的證人

欄位蓋章，然後我們就去辦離婚登記。」

律師說：「你們的離婚過程在法律上是有問題的！因為離婚過程並未經過他的兩個姊姊親自見聞作證，你們的離婚並不符合兩願離婚的法定要件，妳可以向法院訴請確認雙方婚姻關係存在。」

「可是為什麼我在網路上常看到有離婚證人的廣告，收費 500 ～ 1,000 元，標榜只要把離婚協議書寄給他們，他們就會簽名蓋章後回寄，像這樣的方式是符合法定要件的嗎？」她有點狐疑地提出疑問。

「其實這在法律上一樣是有問題的，因為這種廣告的離婚證人，同樣沒有親眼或親耳見聞別人要離婚的意願或意思，所以依據法律規定，這樣的見證其實也是不合法的。只是往往一般人不懂法律，且多數人不會針對這點主張離婚無效，畢竟本來就已經想清楚要離婚了，只差辦理離婚登記的手續。」律師跟她解釋。

「所以我跟我先生離婚也是無效的嗎？因為我後來越想越不對，不應該這麼輕易就離婚，畢竟做錯事的人是他不是我，如果離婚被判無效，我就還是他的太太，對吧？」這名女子的眼神突然發亮。

「沒錯，只要你們的離婚被認定無效，就表示你們婚

姻關係一直都還在，再加上有外遇、做錯事的是對方，他就算想要向法院另外訴請離婚，在他過錯比較大的情況下，成功機率是微乎其微，你還是可以保有你正宮的地位，甚至他如果突然過世了，你除了可以以『妻子』的身分主張剩餘財產分配請求權，先請求分配雙方財產差額的一半，還可以以『繼承人』的身分主張分配遺產。」律師再跟她深入剖析。

「我相信他的兩個姊姊也不敢做偽證，這點我有信心！」聽到律師的分析後，她自信地說道。

法律視角 協議離婚的三大必要條件

依照《民法》的相關規定，一般成年人要協議離婚，必須具備三項要件：

1. 必須要有「書面」，也就是一般所稱的離婚協議書。
2. 必須要有兩個以上的離婚證人，在離婚協議書上簽名或蓋章，並且要有親眼親耳見聞雙方表示要離婚的意思，而不是只單純在離婚協議書上簽名或蓋章。
3. 要雙方一起去戶政事務所辦理離婚登記。

　　缺少任何一項要件，離婚都可以被認定為是無效的，雙方的婚姻關係也會被認定為存在。尤其實務上，通常只要夫妻拿離婚協議書去戶政事務所辦理離婚登記就可以了，並沒有要求證人必須一併到場，也沒有要求戶政事務所必須嚴格審查離婚協議書上的證人，到底有沒有親自見聞雙方要離婚的意願，所以將來萬一有人主張，證人並未親自見聞雙方要離婚的意願，那麼在法律上還是會被判定為是無效的離婚。

　　在法律上，如果被繼承人具有婚姻關係、有配偶的話，則配偶是當然的繼承人。

　　所以雙方離婚到底有沒有效，雙方到底還有沒有婚姻關係，影響層面除了是否還具備「配偶」的身分，在繼承關係上，影響到的更是「繼承權的有無」，只要婚姻關係還存在，將來都會有繼承的問題。

12 尚未認祖歸宗，可以繼承嗎？

案例討論 來不及陪你長大

　　此次來諮詢的婦人，初出社會時，第一份工作就是當老闆的祕書，雖然不是什麼大公司，但每年獲利也還算穩定。老闆是個殷實的中小企業家，他的老婆跟小孩都已經移民到美國，只留下他一個人在台灣工作打拚、賺錢養家。

　　老闆對婦人很好，她也是老闆工作上的得力助手，不論是在工作上或生活上，兩人漸漸日久生情，關係變得越來越親密，後來有了愛的結晶。老闆對她們母子的照顧無微不至、百般呵護，但是因為顧忌在美國的正宮，所以遲遲不敢讓這個小孩認祖歸宗，打算等小孩大一點再來處理。

　　但人生總是不如預期，這位老闆在跟朋友爬山的途中，因為突發性的心肌梗塞，緊急送醫搶救後，宣告不治。

　　「律師，怎麼辦，我自己是無所謂，但是孩子才 5 歲，

難道在法律上都沒有什麼權利可以主張嗎？」婦人苦惱地問律師，一旁的小男孩正在玩他帶來的玩具車，不知道大人正在討論什麼。

「他沒有去戶政事務所辦認領登記對吧？那他平常照顧小孩的狀況妳可以說給我聽嗎？」律師問道。

「他平常幾乎都住在我們這，跟我一起照顧小孩，週末也會帶我跟孩子出去玩，到郊外散散心，小孩的所有費用都是他負責支出，每個月也都會給我們一筆生活費，甚至他每個月也都會匯一些錢到小孩的銀行帳戶，幫孩子存錢，以備不時之需，將來也可以當作孩子出國留學的基金。」她說。

「這樣看來，雖然他沒有辦理認領登記，但孩子應該可以視為已經被他認領，因為如果他從小就有撫育這個孩子的事實，那在法律上就可以主張視為認領，如此一來，孩子就可以主張也是繼承人之一，可以分配到他的遺產了。」律師跟她解釋道。她眼中彷彿看見一道曙光。

法律視角 沒有真實血緣關係，認領為無效

如果男女雙方在沒有婚姻關係的狀況下有了孩子，媽

媽跟孩子的關係不會有什麼問題，法律上一律視為是婚生子女 *，但父親與孩子的關係，除非父母雙方後來結婚了，孩子可以視為父母雙方的婚生子女，但如果沒有結婚，**法律上另外還有一項「認領」的制度，簡單來說，就是生父出面承認孩子是他的。**

一般狀況下，最簡單的方式是，如果生父有去戶政事務所辦理認領登記，孩子就會被認定視為生父的婚生子女，孩子在法律上跟生父的關係與婚生子女相同，孩子也享有同等於婚生子女的法律上權利。

但萬一生父對於孩子是否為非婚生子女有爭執時，可能就必須再透過提起「認領之訴」進行確認 †，如果之後經由法院判決認定，那麼孩子一樣會被認定視為生父的婚生子女。

前文案例中，生父並未對孩子的身分有爭執，只是沒有辦理認領登記，且生父也有支付生活費、教育費等扶養費用的事實，可以認定有撫育這個孩子，這時候孩子原本可以向生父提起「確認親子關係存在」的訴訟，以確定生父跟子女間的身分關係，但因為生父已經過世，所以依據一般法院的

---

* 《民法》第 1065 條第 2 項參照。

† 《民法》第 1067 條參照。

看法,孩子可以對生父的繼承人提出「確認親子關係存在」的訴訟。

另外要補充說明的是,「認領」是指生父承認自己是非婚生子女的父親,而領為自己子女的行為,所以「認領」是以被認領人與認領人間「具有真實血緣關係存在」為前提。**假如被認領人與認領人間並沒有真實血緣關係,那麼認領在法律上仍為無效,雙方都可以提起「確認親子關係不存在」的訴訟。**

在法律上,除了配偶,第一順位的繼承人是「直系血親卑親屬」,也就是所謂的子女,所以到底具不具備子女的身分,在繼承關係層面上,影響到的是繼承權的有無。

因此前文案例中,如果最後經由法院判決,認定生父已經視為有認領這個孩子,則**孩子對於生父的遺產也具有繼承權**,他的權利跟其他婚生子女相同。雖然父親來不及陪伴這個孩子長大,但起碼孩子還是可以主張對父親的遺產有繼承權,獲得分配。

13　被收養後，能否繼承生母遺產？

案例討論 為了讓姓氏延續而被收養

「媽媽當初生下我們的時候，因為爸爸還有原本的家庭，所以是後來我們都長大以後，爸爸才去辦理認領登記，但是因為我都已經隨母姓『黃』將近二十年了，所以實在是不想要改姓，而且更改姓氏會造成許多生活上的麻煩，還要到各機關辦理更改姓氏的手續。」黃太太年紀約五十多歲，正講述她的故事。

「所以你們怎麼處理？」律師問道。

「所以我只好跟媽媽一起去拜託舅舅，希望能由同樣姓『黃』的舅舅形式上收養我，這樣我就可以繼續姓『黃』了。但是我們都知道，其實我沒有真的要當舅舅的小孩，我的表兄弟姊妹也知道，我沒有去舅舅他們家生活過一天，平常還是稱呼『舅舅』，二三十年來都是這樣，跟以前完全沒有不

同。但我還是很感謝舅舅願意幫我這個忙。」黃太太說。

「所以現在的問題是？」律師接著問下去。

「事情發生在母親過世之後，因為媽媽名下有一些不動產，我跟妹妹原本要去辦理繼承登記的手續，但是去辦的時候，才發現因為我在戶籍登記上是舅舅的『養女』，不是媽媽的孩子，所以沒辦法跟妹妹一起辦繼承登記。」黃太太說。

「那妳可以對妳舅舅以雙方沒有真實收養的意思，向法院提起『確認收養關係不存在』的訴訟，我想妳舅舅應該也不會有什麼意見，等法院判決或裁定下來之後，妳再拿去戶政事務所辦理登記，回復妳跟媽媽之間的母女關係，這樣就可以了。」律師把可以處理的方式告訴黃太太，解決黃太太的疑惑與困擾。

法律視角 收養必須雙方合意才能成立

「收養」是指收養他人的子女為子女，收養成立生效後，養子女與生父間的權利義務關係，於收養關係存續時原則上是屬於停止的狀態[*]。

---

* 《民法》第 1077 條第 2 項參照。

　　養子女與養父母的關係，須收養者將他人子女視為自己子女，才算是真正收養，**至於究竟有無收養的意思，應以收養者的意思為主，不能只以戶籍登記為依據。**所以到底有沒有將這個孩子收養作自己孩子的意思，還是必須視實際情況而定，是否有收養戶籍登記，並非收養關係成立的要件，只是行政上的手續。

　　前文案例中，其實黃太太並沒有要讓舅舅收養的意思，只是因為希望能保有「黃」這個姓氏，所以才請舅舅辦理收養登記，因此黃太太可以向法院對舅舅提起「確認收養關係不存在」的訴訟[*]。

　　「收養」是為了有合法的親子關係，必須收養者與被收養者間都有這個想法，彼此「合意」才能成立，如果不具有這個意思，收養就不會被認為有效。

　　所以黃太太與舅舅之間的收養關係應不成立，也因為雙方沒有發生「擬制的親子關係」[†]，黃太太跟媽媽之間的母女關係，在法律上還是存在的。

---

[*] 《家事事件法》第 67 條參照。

[†] 即視為合法的親子關係。

　　到底是否具備子女的身分，在繼承關係上，會影響繼承權的有無。收養雖然主要是為了成立擬制的親子關係，但在法律上，是否成立收養關係，同樣會影響到是否有繼承人的身分。

　　因此前文案例中，黃太太如果透過法院，確認與舅舅之間的收養關係不存在後，就可以拿法院的判決或裁定，去戶政事務所登記，回復其與生母之間的母女關係，之後再與妹妹一起辦理繼承媽媽遺產的手續。

　　另外附帶一提的是，倘若將來舅舅百年之後，黃太太也不會因為具有舅舅子女的身分，而繼承到舅舅的遺產。

 14　父母過世，如何代位繼承？

案例
討論 **與外公關係情同父子**

「媽媽在我小時候就去世了，爸爸是個不負責任的男人，媽媽去世後就把我丟給外公外婆，要不是外公照顧我，我想我應該就會流落街頭或被送去孤兒院了。」B 男年紀大概才三十歲出頭，講到這段往事時眉頭緊鎖。

「還好有你外公，你應該感到慶幸，我想你外公是真的很愛你。」律師安慰地說道。

「是啊，還好有他，從小到大我在情感上也已經把外公當成爸爸一樣看待了，反而是我名義上的爸爸，從此音訊全無。但現在碰到的問題是，實際上我還有一個阿姨，她已經嫁到美國二三十年了，每年只回來看外公一、兩次。最近外公剛過世，阿姨回來台灣協助辦理外公的後事，卻一直逼我辦拋棄繼承，因為她知道我也會有繼承權，可是她覺得我又

不是外公的孩子，不該繼承。」B 男講道。

「根據法律規定，因為你媽媽在你外公過世前就先過世了，所以你會代位繼承你媽媽原本應得的那份遺產，況且你跟外公情同父子，我想他心裡應該也是希望你能繼承到他的財產。」律師向他分析道。

法律視角 代位繼承的原則

依據法律規定，遺產繼承人基本上可以分為以下幾種：

1. 當然繼承人：配偶
2. 血親繼承人：直系血親卑親屬、父母、兄弟姊妹、祖父母。
3. 代位繼承人：若直系血親卑親屬於繼承前「死亡」或「喪失繼承權」，由他（她）的直系血親卑親屬代位繼承其應繼分。

在前文案例中，依據法律規定，因為 B 男的母親在 B 男外公過世前已經過世了，所以 B 男會代位繼承母親原本應得

到的那一份遺產，B 男的阿姨跟 B 男都是外公的遺產繼承人，只要 B 男沒有辦理拋棄繼承，那麼 B 男還是可以繼承他母親原本應該繼承到的遺產！

15 若離世，如何繼續照顧未婚伴侶？

案例討論 結不結婚真的那麼重要嗎？

「他的太太很早就過世了，我跟他是透過朋友介紹認識的，後來就在一起十多個年頭，因為我自己曾經歷過一段不幸的婚姻，所以後來對結不結婚，其實也看得很開，覺得兩個人在一起開心就好，就這樣同居十多年，幫他打理家裡、操持家務，讓他能專心打拚事業。他的公司業績蒸蒸日上，他的小孩也都長大了，不需要我們照顧，我們每年也都會一起出國旅遊，這是我們共同的興趣，我們雖無夫妻之名，但可以說跟一般夫妻沒有什麼兩樣，只差沒有去辦結婚登記而已。」C阿姨講到跟D伯伯的過去，能感受到兩人感情真的很好。

「但是上個月他突然心臟病發，人就這麼走了，連道別都來不及。」C阿姨講到傷心處，臉上滑落兩行淚水。

「那你以後生活怎麼辦？他是否有留下遺囑或曾給你什麼財產嗎？」律師問道。

「他沒有留下任何遺囑，因為我對金錢比較沒有概念，所以平常錢也都是他在管，不過他每個月都會匯幾萬元到我的銀行帳戶，讓我作為生活開銷。我現在年紀大了，帳戶沒什麼存款，也不可能再出去工作賺錢，不知道未來生活該怎麼辦。」C 阿姨對自己將來的生活憂心忡忡。

「不用擔心，雖然妳跟他沒有夫妻關係、沒有遺產繼承權，但是因為 D 伯伯生前有持續扶養妳的事實，而妳現在也沒有其他財產或工作能力，因此符合《民法》中『遺產酌給請求權』的要件，妳可以主張必須酌給妳部分遺產。」律師將 C 阿姨可以主張的權利說明給她聽。

法律視角 遺產酌給請求權，讓受扶養者不會頓失依靠

在前文案例中，雖然 C 阿姨跟 D 伯伯沒有結婚，但 C 阿姨在法院上可以主張「遺產酌給請求權」。依據《民法》第 1149 條規定：「被繼承人生前繼續扶養之人，應由親屬會議依其所受扶養之程度及其他關係，酌給遺產。」

「遺產酌給請求權」的立法目的是為了預防被繼承人生前繼續扶養的人，因被繼承人死亡，一時失其依附，生活沒有著落，所以應由親屬會議決議後，酌給遺產，以保障受扶養人的基本生活。「遺產酌給請求權」含有死後扶養的思想。

「遺產酌給請求權」的要件有三項：

1. 被繼承人生前繼續扶養之人。
2. 以不能維持生活而無謀生能力者為限。
3. 被繼承人沒有給予相當的遺贈。

「遺產酌給請求權」行使的方法有二項：

1. 應先向親屬會議請求酌給。
2. 親屬會議如果無法召開、召集困難，或親屬會議不予決議、酌給過少、根本不給等情形，可以向法院起訴請求。

酌給遺產時，除了應該要審酌受被繼承人扶養的程度、受扶養人的年齡、身體狀況、生活情形、與被繼承人間的身分關係、遺產的狀況，還要審酌遺產酌給請求權人的財力、

日常收入是否足以維持生活，如果遺產酌給請求權人的財
力、收入不足以維持日後生活時，就有酌給遺產之必要。

16　拒絕不孝子女繼承遺產

案例討論 等不到最後一面，只問財產

「從小大哥就是我們家最會念書的小孩，爸媽也用盡所有資源跟財力去栽培他，讓他從建中、台大，一路念到美國長春藤名校的博士，但哥哥去了美國後，就沒有再回來台灣了。我們能體諒他在美國有工作、家庭，但他每年除了農曆過年回來幾天，平常都不會回台灣，爸爸過世後，大哥甚至連過年都不回來了，就連我們通知他媽媽住院臥病在床、狀況不好，大哥也沒有回來探望。」W女說道。

「妳媽媽都沒有說什麼嗎？」律師問道。

「一開始，媽媽還會幫大哥找藉口，說大哥可能是因為工作太忙，所以沒有辦法回來看她，但三年、五年過去了，大哥還是沒回來，媽媽最後也死心了。媽媽生前請我錄下一段影片，指責大哥的不孝，以及對我們其他孩子的虧欠，並

表明大哥不得繼承她的遺產，希望以後我們能讓大哥知道媽媽對他有多心寒。」W女說。

「大哥直到媽媽過世後才回台灣，但一見面，開口卻是問我們媽媽身後有留下什麼財產。我真替媽媽感到不值。」W女接著說道。

「既然這樣，那你們將來可以請法院去調大哥的入出境資料，證明妳大哥這幾年都沒有回來探視媽媽，而且妳媽媽留下的影片也可以證明，她曾表示妳大哥不得繼承她的遺產，這樣就算妳大哥想繼承也繼承不到了。」律師把可以主張喪失繼承權的理由，說明給W女聽。

法律視角 喪失繼承權的兩大要件

有關繼承人會喪失繼承權的事由，主要規定在《民法》第 1145 條第 1 項：

1. 故意致被繼承人或應繼承人於死或雖未致死因而受刑之宣告者。
2. 以詐欺或脅迫使被繼承人為關於繼承之遺囑，或使其

撤回或變更之者。

3. 以詐欺或脅迫妨害被繼承人為關於繼承之遺囑，或妨害其撤回或變更之者。

4. 偽造、變造、隱匿或湮滅被繼承人關於繼承之遺囑者。

5. 對於被繼承人有重大之虐待或侮辱情事，經被繼承人表示其不得繼承者。

其中，第 2 ～ 4 款，如果經被繼承人原諒，則繼承權不喪失。前文案例，主要涉及的是第 5 款：「對於被繼承人有重大之虐待或侮辱情事，經被繼承人表示其不得繼承者。」

依照這一款的規定，構成喪失繼承權的要件有二項：

1. 繼承人對被繼承人有重大之虐待或侮辱。

2. 須被繼承人表示繼承人不得繼承。

所謂對於被繼承人有「虐待」之情事，是指以**身體上或精神上的痛苦加諸於被繼承人**，凡毆打被繼承人，或對被繼承人負有扶養義務卻惡意不予扶養，都構成虐待。至於是否為重大虐待或侮辱，則須再依客觀的社會觀念評價、衡量。

若被繼承人（父母）終年臥病在床，繼承人（子女）沒

有不能探視的正當理由，而至被繼承人死亡為止，始終不去探視，一般法院都認為，**依照我國重視孝道倫理，足以認為被繼承人感受精神上莫大的痛苦，也認為是重大虐待的行為。**

回到前文案例，因為 W 女的媽媽終年臥病在床，但 W 女的大哥沒有不能探視的正當理由，卻至媽媽過世為止，始終都沒有前往探視，使媽媽精神上感受到莫大的痛苦，法院實務判決通常會認為，這樣已經符合所謂的「重大虐待」。

W 女的媽媽生前，在意識清楚的情況下，也留下一段影片指責大兒子的不孝，並明確表示大兒子不得繼承她的遺產，所以依據法律規定，大兒子的繼承權會因此喪失。

另外值得一提的是，前文《民法》第 1145 條第 1 項前 4 款，繼承人會喪失繼承權的事由，在法律上可能會發生的狀況如下：

1. **故意致被繼承人或應繼承人於死或雖未致死因而受刑的宣告。**

   例如：孩子故意拿刀殺死父母親，或攻擊其他同為繼承人的兄弟姊妹，就算沒有人死亡，但只要受到法院判刑的宣告，加害者的繼承權也會因此喪失。

2. 以詐欺或脅迫使被繼承人為關於繼承的遺囑，或使其撤回或變更。

例如：以欺騙或暴力的手段逼迫父母寫遺囑，將財產全部指定給自己繼承。

3. 以詐欺或脅迫妨害被繼承人為關於繼承的遺囑，或妨害其撤回或變更。

例如：以欺騙或脅迫的手段妨害父母親立遺囑，以避免父母將財產都指定給其他兄弟姊妹繼承。

4. 偽造、變造、隱匿或湮滅被繼承人關於繼承的遺囑。

例如：假造遺囑或故意藏匿遺囑，甚至湮滅、毀棄被繼承人所作成的遺囑。

以上這四種狀況，不孝繼承人的不法、不道德的行為，將受到法律上的制裁，也就是剝奪他的繼承權。

17　同婚合法後，有哪些繼承權利？

 案例討論 同性伴侶的婚姻關係

　　阿德與阿偉是一對同性伴侶，兩人交往並攜手相伴十多年，感情深厚，原本計畫至海外舉辦婚禮，最後終於等到大法官作成釋字第 748 號解釋，立法院也通過《司法院釋字第 748 號解釋施行法》，讓同性伴侶得以辦理結婚登記，於是兩人便高高興興地舉辦婚禮，並至戶政事務所辦理結婚登記。不過究竟同婚合法化後，同婚者間關於遺產繼承方面，會有什麼保障或差別嗎？

 法律視角 同性婚姻享有一般夫妻的權利

　　大法官於 2017 年 5 月 24 日作成釋字第 748 號解釋，認

為《民法》中有關婚姻的規定，未使相同性別的兩人，能為經營共同生活之目的，成立具有親密性及排他性的永久結合關係，與《憲法》保障人民婚姻自由及平等權的意旨相違背。

立法院後來也三讀通過《司法院釋字第 748 號解釋施行法》，並於 2019 年 5 月 24 日施行，也就是俗稱的《同婚專法》，隨後便有許多同性伴侶正式步入婚姻。

以往還沒有《同婚專法》之前，同性伴侶間其實無法跟一般夫妻一樣，享有身分關係與繼承權，頂多是靠預立遺囑遺贈或成立信託，來保障伴侶在自己過世後，能獲得財產上的保障。但是隨著同性伴侶的結婚合法化，並有《同婚專法》的立法明文保障，**同性伴侶在身分關係與繼承權上，幾乎享有與一般夫妻同等的權利。**

同性如何結婚？

首先，根據《司法院釋字第 748 號解釋施行法》第 2 條及第 3 條規定，相同性別的兩個人，且都已經年滿 20 歲的話，能夠以經營共同生活為目的，成立具有親密性及排他性的永久結合關係；如果是年滿 18 歲但未成年的話，必須要經過法定代理人同意才行。

　　另外需要留意的是，《民法》第 12 條已修正為：「滿
18 歲為成年。」並自 2023 年 1 月 1 日施行，換言之，屆時
同性二人皆滿 18 歲即已成年，無須經法定代理人同意，即可
結婚。

　　程序上，同性別的兩人結婚，一樣必須具備「書面」、
有「二個以上證人」的簽名或蓋章，並應由雙方當事人「向
戶政機關辦理結婚登記」才行[*]，所以事實上跟一般《民法》
所規定的結婚要件，沒有什麼差異。

　　跟異性婚姻一樣，同性婚姻也是可以經由雙方當事人合
意終止，只要具備「書面」、「二個以上證人簽名」、「向
戶政機關辦理登記」，就可以產生終止的效力，不過如果是
未成年人，則必須經過法定代理人同意才能終止[†]。另外，同
性婚姻一樣可以訴請法院終止雙方的永久結合關係，可以請
求的事由也跟異性婚姻幾乎一模一樣[‡]。

---

[*]　《司法院釋字第 748 號解釋施行法》第 4 條參照。
[†]　《司法院釋字第 748 號解釋施行法》第 16 條參照。
[‡]　《司法院釋字第 748 號解釋施行法》第 17 條參照。

同性婚姻當事人間的財產關係

同性婚姻關係雙方的家庭生活費用，除法律或契約另有約定，由雙方當事人各依其經濟能力、家事勞動或其他情事分擔；而同性婚姻關係雙方的財產制，也是準用《民法》關於「夫妻財產制」的規定，與一般異性婚姻並無差異[*]。

除非雙方有另外約定採用「共同財產制」或「分別財產制」，否則一般多數都是適用「法定財產制」。適用「法定財產制」的同婚者，雖然結婚後各自的財產是獨立的，但是依據《民法》規定，如果夫妻「離婚」或「一方死亡」，法定財產制因此而消滅時，就會有計算剩餘財產差額及分配的問題。

剩餘財產差額的計算方式，是雙方各自取得現存的婚後財產，扣除婚姻關係存續中所負債務，以及因繼承或其他無償取得的財產後，計算出雙方「各自的剩餘財產」，再比較剩餘財產的多寡，計算差額，剩餘財產較少的一方可以向剩餘財產較多之他方，請求分配「雙方差額的一半」。詳細的介紹與說明，可以參閱第 5 章有關「夫妻剩餘財產差額分配

---

[*] 《司法院釋字第 748 號解釋施行法》第 15 條參照。

請求權」的內容。

同性婚姻當事人間的繼承關係

《司法院釋字第 748 號解釋施行法》第 23 條規定，同婚當事人有相互繼承的權利，互為法定繼承人，準用《民法》繼承編關於繼承人的規定，而《民法》繼承編關於配偶的規定，同婚當事人也準用之。因此同婚關係的雙方當事人間有相互繼承的權利，雙方互為對方的「法定繼承人」，準用《民法》繼承編關於繼承人及配偶的相關規定。

同婚關係當事人之一方如果過世，同婚伴侶間享有什麼繼承權利保障呢？以下進一步說明：

同婚伴侶間互為「當然繼承人」，互相有繼承權

同婚者有相互繼承遺產之權，其應繼分，依下列各款定之（見圖表 2-2）：

1. 與《民法》第 1138 條所定第一順序之繼承人（直系血親卑親屬，也就是子女）同為繼承時，其應繼分與其他繼承人平均。

2. 與《民法》第 1138 條所定第二順序或第三順序之繼承人（父母或兄弟姊妹）同為繼承時，**其應繼分為遺產二分之一**。

3. 與《民法》第 1138 條所定第四順序之繼承人（祖父母）同為繼承時，**其應繼分為遺產三分之二**。

4. 無《民法》第 1138 條所定第一順序至第四順序之繼承人時，**其應繼分為遺產全部**。

	情況	應繼分	特留分
1.	同婚伴侶	視繼承人人數平均分配	應繼分的二分之一
	直系血親卑親屬		
2.	同婚伴侶	二分之一	應繼分的二分之一
	父母	剩下的二分之一平分	
3.	同婚伴侶	二分之一	應繼分的二分之一
	兄弟姊妹	剩下的二分之一平分	應繼分的三分之一
4.	同婚伴侶	三分之二	應繼分的二分之一
	祖父母	剩下的三分之一平分	應繼分的三分之一

圖表 2-2　繼承人的應繼分與特留分

同婚伴侶可主張「剩餘財產分配請求權」

若被繼承人與同婚伴侶間，於被繼承人生前是以「法定財產制」為雙方的財產制，在法定財產制因被繼承人「死亡」而消滅時，經核算如果剩餘財產較少的一方是生存同婚伴侶的話，那麼同婚伴侶還可以先行主張「剩餘財產分配請求權」，請求分配雙方剩餘財產差額一半的財產。

第 3 章

安排人生的最後一桶金

18 交待身後事的好方法

遺囑該怎麼寫，才不會有紛爭？

「律師啊，我覺得最近身體越來越不好了，醫生說我除
了有高血壓、糖尿病，還發現我的肝臟有個腫瘤，目前不知
道是良性還是惡性，要等進一步的檢查結果，我覺得我應該
要先寫好遺囑，交代一下身後事，這樣我比較安心。」Z 先
生說出他的煩惱與想要預立遺囑的想法。

「可以啊！不過不要以為自己簡單寫就可以了，因為
《民法》對遺囑有嚴格的法律要件要求，如果不小心違反了
相關規定，那麼你生前所寫的遺囑，身後也可能被認為無
效，反而會讓繼承人間產生更大的爭執。後代子孫或繼承人
間因此對簿公堂、纏訟多年的案例，也不在少數，所以關於
預立遺囑，請你務必要謹慎行事，不能自己隨便亂寫，以免
將來產生更大的紛爭。」律師跟 Z 先生解釋道。

　　「可不可以麻煩律師告訴我，到底要怎麼立遺囑才具有法律效力呢？」Z 先生希望律師能告訴他，有關遺囑作成的合法方式。

法律視角 生前預立遺囑的種類

　　生前預立符合法律規定的遺囑，可避免將來繼承人間產生紛爭，並讓你對家人與朋友的愛，得以延續。尤其是一般的投資理財很少會涉及法律問題，但遺產繼承的財務環節，一旦進入法律程序，事情就變得很複雜，若能提早規劃，就能避免不必要的麻煩。

　　台灣人，甚至整個華人社會，對於死亡的議題，往往都比較敏感或忌諱，甚至盡量避而不談，有些人更是打從心底排斥，但有時候死亡就是來得如此突然，就像新冠肺炎的疫情，導致許多民眾死亡，有些年紀仍在壯年就突然猝逝，令親愛的家人與朋友措手不及。

　　如果能在生前預立好遺囑，交代身後事宜，將可避免後代子孫為了遺產而產生爭執。如果後代子孫為了遺產而產生紛爭，甚至反目成仇，這恐怕是身為父母或長輩最不樂見的

一件事。

　　假設被繼承人沒有留下遺囑，遺產的分配方式，就只能依照法律規定來處理，如果繼承人間無法達成遺產分割的共識，就必須透過法院才有辦法分割，但如果被繼承人有留下遺囑的話，起碼遺產的分割方式是有脈絡可循的，繼承人間比較不容易產生爭執。

　　日本社會近年來將預立遺囑視為「終活」的一環，且開始逐漸推廣。所謂「終活」，指的是正視人生終將面臨死亡這件事，為了讓自己的人生貫徹始終而做的各種準備，包括充實自己的退休生活、預先安排身後事、預立遺囑、為親人留下想告訴他們的訊息等。

　　年輕時留下的遺囑，是為了如果不幸發生意外時，清楚交代自己的財產狀況，並預先為家人或至親規劃，降低另一半與未成年子女或其他家人，生活遭遇重大衝擊，所以雖然你可能年紀尚輕，但也不應該完全沒有規劃。

　　預留遺囑是對家人、至親負責任的表現、真正的慈悲，是有效規劃身後財產的分配，也是對人生善終的追求，不應該被視為是一種禁忌。例如，媒體曾報導，香港女星蔡卓妍（阿Sa）受訪時就表示，自己已經立下遺囑，就連遺照都已經選好了。

　　什麼是遺囑？所謂「遺囑」就是被繼承人於生前所為，在被繼承人死亡時才會發生效力的一種法律行為，主要目的是想表達，對身後一切財產該如何分配或處置。

　　法律規定的遺囑種類共有五種，視不同情況或每個人的需求，選擇作成遺囑的方式，可能也都不一樣。遺囑的作成，在法律上有一定的方式、要件的規範，所以在預立遺囑之前，務必要先了解《民法》中的相關規定。如果在不了解法律相關規定下，用不符合規定的方式隨意立遺囑，導致遺囑不生法律上的效力，則生前煞費苦心規劃的遺產分配，恐怕也會因此白費。

　　遺囑制度的立意是為了尊重故人的遺志，因其內容多屬重要事項，可能攸關遺囑人的財產分配或涉及身分指定，且是在遺囑人死亡後發生，如有紛爭則難以對質，所以為確保遺囑人的真意，並避免利害關係人產生爭執，《民法》規定，遺囑須具備法定的方式，才會有效。

　　隨意立遺囑，有時候反而會比沒有立遺囑更糟糕，因為萬一意思不清楚，或不符合法律規定的遺囑，很可能會造成繼承人們走上法院、對簿公堂，原本圓滿和睦的家族，反而可能會因為遺產的爭執，導致分崩離析，這在法律實務上，不在少數。

　　所以預立遺囑之前，最好是能先找律師、公證人等專業人士諮詢或商量，才能保障你給家人的最後一封信、如何安排人生最後一桶金，能確實地傳達給親愛的家人或朋友，讓你對他們的愛與關懷，在過世之後仍得以延續，不會有所遺憾。

　　至於遺囑的種類和製作方式，可先參考圖表 3-1。雖然不一定是現在，但總是會有那麼一天，我們都需要預立遺囑，又或者你現在已經有預立遺囑的打算。後文會再詳細介紹，目前法律規定的幾種遺囑類型與作成方式，讓你有更深入的認識。

種類	製作方式	見證人	公證人
自書遺囑	應自書遺囑全文，記明年、月、日，並親自簽名；如有增減、塗改，應註明增減、塗改之處所及字數，另行簽名。	✕	✕
公證遺囑	應指定二人以上之見證人，在公證人前口述遺囑意旨，由公證人筆記、宣讀、講解，經遺囑人認可後，記明年、月、日，由公證人、見證人及遺囑人同行簽名，遺囑人不能簽名者，由公證人記明事由，使按指印代之。	需要兩位以上	○

（接下頁）

種類	製作方式	見證人	公證人
密封遺囑	應於遺囑上簽名後,將其密封,於封縫處簽名,指定二人以上之見證人,向公證人提出,陳述其為自己之遺囑,如非本人自寫,並陳述繕寫人之姓名、住所,由公證人於封面記明該遺囑提出之年、月、日及遺囑人所為之陳述,與遺囑人及見證人同行簽名。	需要兩位以上	○
代筆遺囑	由遺囑人指定三人以上之見證人,由遺囑人口述遺囑意旨,使見證人中之一人筆記、宣讀、講解,經遺囑人認可後,記明年、月、日,及代筆人之姓名,由見證人全體及遺囑人同行簽名,遺囑人不能簽名者,應按指印代之。	需要三位以上	×
口授遺囑	遺囑人因生命危急或其他特殊情形,不能依其他方式為遺囑者,得依下列方式之一為口授遺囑: 1. 由遺囑人指定二人以上之見證人,並口授遺囑意旨,由見證人中之一人,將該遺囑意旨,據實作成筆記,並記明年、月、日,與其他見證人同行簽名。 2. 由遺囑人指定二人以上之見證人,並口述遺囑意旨、遺囑人姓名及年、月、日,由見證人全體口述遺囑之為真正及見證人姓名,全部予以錄音,將錄音帶當場密封,並記明年、月、日,由見證人全體在封縫處同行簽名。	需要兩位以上	×

圖表 3-1　遺囑的種類和製作方式

19 自書遺囑：遺囑人須親自書寫

案例討論 怎麼判斷塗改後的遺囑是正確的？

「律師，爸爸前陣子剛過世，我們在他的遺物裡找到兩份遺囑，從筆跡上判斷，確實是爸爸的筆跡，標題有註明『遺囑』，內容也有寫到財產如何分配，但其中一份沒有註明是什麼時候寫的，另外一份則有寫日期，是去年 1 月 1 日寫的，但是爸爸對於內容有塗改，原本要留給我跟弟弟同棟樓上樓下的房子，爸爸塗改後將樓層對調。你可以告訴我，這樣遺囑到底有沒有效力，以及爸爸的遺產究竟要怎麼分配嗎？」P 小姐拿了兩份文件向律師問道。

「我先看看再跟妳分析。」律師將 P 小姐帶來的兩份文件接過來仔細端詳。

「第一份遺囑沒有寫是何年何月何日所作，所以依照法律規定是一份無效的遺囑；至於第二份遺囑，妳爸爸有在上

面做增減、塗改，但是沒有註明增減、塗改的字數並另行在旁邊簽名，因此這份遺囑雖然有效，但是增減、塗改的部分是不生變更效力的，所以房子的樓層必須按照原來的內容分配。」律師跟 P 小姐解釋道。

「這樣會差很多耶，本來爸爸塗改後是要將一樓店面給我，這樣看來，一樓店面還是得要分給弟弟了。」P 小姐無奈又哀怨地說道。

法律視角 最簡單、成本也最低

被繼承人過世後，繼承人應先確認被繼承人生前是否留有遺囑，如有，再確認遺囑的作成是否符合法律規定。「自書遺囑」是《民法》中規定的第一種遺囑類型，也可以說是最基本的一種，自己一個人就可以完成，最簡單、成本也最低，拿一枝筆跟一張紙書寫，只要符合法律規定的形式與內容，就可能是一份有效的遺囑。

但也正因為自書遺囑是一個人就可以完成，法律並沒有規定需要見證人，所以往往也最容易遭到偽造或變造，將來產生糾紛的可能性也相當高，如果繼承人中有人認為，自書

遺囑的筆跡與被繼承人的筆跡不太一樣，或無法確認是否真的是被繼承人親自書寫，往往可能產生遺囑究竟是否有效的訴訟爭議。

進入訴訟後，通常會進行筆跡的鑑定程序，法院必須透過一些確定是被繼承人生前筆跡的文件，例如銀行開戶印鑑卡上的簽名、被繼承人生前親自書寫的其他文件，來請刑事警察局或調查局等，有筆跡鑑識專業的機構，協助筆跡鑑定。

自書遺囑的法定作成方式

自書遺囑的作成方式，根據《民法》第 1190 規定：「自書遺囑者，應自書遺囑全文，記明年、月、日，並親自簽名；如有增減、塗改，應註明增減、塗改之處所及字數，另行簽名。」

常見問題

Q：自書遺囑可不可以請別人代寫？或用電腦打字？

A：「自書」指遺囑人親自、直接書寫，不可以請別人代寫，且應自書全文，並記明年月日、親自簽名；

如果是以電腦打字方式作成遺囑，也不具效力。

Q：自書遺囑是否一定要記明年、月、日？可不可先保留，以後再請別人代填日期？

A：必須記明年、月、日。自書遺囑一定要親自書寫，不能讓第三人代記日期補充。不過年、月、日不用明載某年某月某日，只要可以確定時間就好，例如載明「某年端午節」、「結婚二十週年紀念日」等。

Q：自書遺囑的簽名可不可以用蓋章代替？

A：應親自簽名，不能用蓋章代替，因為這樣才知道立遺囑的是誰，且也可經由筆跡鑑定，得知該簽名是否確由遺囑人親自作成，以防遺囑偽造或變造。要求親自簽名，也是為了確認該份遺囑是出於遺囑人的本意。

Q：自書遺囑上一定要有「遺囑」作為標題嗎？

A：《民法》有關自書遺囑的規定，並沒有一定要「遺囑」字樣，只要文件是由被繼承人自書全文，並記明書寫日期、附上簽名，且看內容可知，是在寫遺

產該如何分配，能明確表達被繼承人對身後財產的處理方式，即使文件上沒有明確寫上「遺囑」二字，仍具備法定效力。[*]

Q：自書遺囑如果有增減、塗改，是否會影響效力？

A：自書遺囑如有增減、塗改，應註明增減、塗改之處及字數，另行簽名，這是為了保障遺囑人的本意，防止遭他人竄改或變造，避免糾紛。**如果遺囑人沒有依法定方式增減、塗改，原則上增減、塗改的部分不具效力，但並不代表整份遺囑皆無效。**

遺囑人自書遺囑時，若因筆誤或書寫錯別字予以更正，雖未依法定方式增刪塗改，**但若能確定屬於遺囑人的本意，且不影響遺囑整體內容的話，仍應承認更正部分的效力，因為遺囑**所定的法定方式，是為了能遵照遺囑人的本意，否則，非但遺囑人的本意遭到扭曲，也違背了法律的根本精神。[†]

---

[*] 台灣高等法院台南分院 108 年度家上字第 54 號民事判決、最高法院 110 年度台上字第 254 號民事判決參照。

[†] 最高法院 110 年度台上字第 254 號民事判決參照。

透過常見問題可知，要自己寫一份有效的自書遺囑，還是有許多地方必須注意。另外如果擔心將來立下的「自書遺囑」受到質疑，也可以至法院公證處或民間公證人事務所，請公證人協助「認證」該份自書遺囑確實出於遺囑人親筆書寫、簽名，降低將來繼承人間因遺囑產生爭執的可能性。

自書遺囑範例

遺　囑

立遺囑人〇〇〇（民國〇〇年〇〇月〇〇日生，身分證字號：Ａ〇〇〇〇〇〇〇〇〇），茲就本人之遺產分配如下：

一、本人名下所有土地一筆（地號：〇〇市〇〇區〇〇段〇〇小段〇〇〇〇號，權利範圍：全部）及座落其上之房屋一棟（建號：〇〇市〇〇區〇〇段〇〇〇〇號，門牌號碼：〇〇市〇〇區〇〇路〇〇〇號〇樓，權利範圍：全部），由配偶Ａ單獨繼承。

（接下頁）

二、本人名下○○銀行○○分行帳號：帳戶內之所有
存款，由長子 B 單獨繼承。

三、本人名下持有之大○光股份有限公司之股票計
10,000 股，由次子 C 單獨繼承。

四、本人名下○○有限公司之出資額全部由長女 D
單獨繼承，並由其繼續經營。

五、本人名下所有賓○廠牌汽車乙輛（車牌號碼：
○○○-○○○○），由次女 E 單獨繼承。

六、本人名下置於○○銀行○○分行保管箱內保
管之黃金乙塊（淨重○○兩），贈與給好友 F
（民國○○年○○月○○日生，身分證字號：
B○○○○○○○○○）。

七、本人百年以後，希望按照傳統道教儀式辦理後
事，並將遺體火化後之骨灰放置於家鄉○○縣
○○鄉之公有靈骨塔。

八、本人指定配偶 A 為遺囑執行人。

立遺囑人：×××

中 華 民 國 ○ ○ 年 ○ ○ 月 ○ ○ 日

 20 公證遺囑：爭議性最低的方式

案例討論 無法自己寫遺囑，怎麼辦？

「律師，我奶奶出生於日據時代，當時是受日本教育，所以不認識中文也不會寫。最近她身體不好，但意識算清楚，醫生說精神狀況沒有問題，奶奶總嚷嚷著要先立下遺囑，不過我們不知道從何協助著手，你可以給我們一些建議嗎？」L 小姐推著奶奶來事務所，諮詢有關預立遺囑的問題。

「奶奶既然不識字，也不會寫字，自然是沒辦法自己寫遺囑，一般我們都會建議至法院公證處或民間公證人事務所作公證遺囑，會比較理想。」律師提出遺囑作成方式的建議。

法律視角 不容易被質疑的做法

相較自書遺囑，公證遺囑的優點是有公證人可以證明被繼承人確實有立下這份遺囑，真實性比較不容易被質疑，缺點是會有一筆公證費用，另外還要跑一趟法院公證處或民間公證人事務所，不過通常跟動輒數百萬或更高的遺產金額比起來，花費幾千元或幾萬元的公證費用，如果可以確保將來繼承人間不會產生爭執的話，可以說是相當值得，總比將來子孫還要上法院爭個面紅耳赤，甚至手足間彼此撕破臉，要來得好。

另外，公證遺囑作成後，會留存正本或影本於法院公證處或民間公證人事務所，公證人也會將公證遺囑的繕本送交法院備查，日後如果有需要也可以請求閱覽公證卷宗裡面的文件，因此保存方面比較沒有遺失的問題，將來要查找較容易，也較不會發生被偽造、變造、湮滅或隱匿的狀況。

所以通常如果當事人來諮詢，有關預立遺囑的選擇方式時，除非有其他特別因素的考量，否則一般狀況下，都會建議採用「公證遺囑」的作成方式，會最保險，而且將來產生爭議的機率也最低。

公證遺囑的法定作成方式

公證遺囑的作成方式，根據《民法》第 1191 條規定：「應指定二人以上之見證人，在公證人前口述遺囑意旨，由公證人筆記、宣讀、講解，經遺囑人認可後，記明年、月、日，由公證人、見證人及遺囑人同行簽名，遺囑人不能簽名者，由公證人將其事由記明，使按指印代之。前項所定公證人之職務，在無公證人之地，得由法院書記官行之，僑民在中華民國領事駐在地為遺囑時，得由領事行之。」

重要規定說明

1. 須指定二人以上的見證人

見證人應由遺囑人指定，不得由其他人指定。見證人的作用在證明遺囑的真實性，及監督公證人確實執行職務，因此自遺囑人口述遺囑開始，至遺囑全部作成時，見證人均應在場見證，不得擅自離開。

另外須留意，有下列身分不可以擔任遺囑的見證人，例如：未成年人、受監護或輔助宣告之人、繼承人及其配偶或其直系血親、受遺贈人及其配偶或其直系血親，以及為公證

人或代行公證職務人之同居人助理人或受僱人。

2. 須由遺囑人在公證人面前口述遺囑意旨

所謂口述是指口頭陳述，不得僅以點頭或手勢表達。口述應直接向公證人為之，不得以轉述的方式處理。

3. 須由公證人筆記、宣讀、講解

公證人先依遺囑人口述作成筆記後，必須再將筆記內容向遺囑人一一宣讀、講解，最後再經遺囑人認可，確認公證人筆記的內容確實與遺囑人口述的意旨相符。

4. 須經遺囑人認可後，記明年、月、日，由公證人、見證人及遺囑人同行簽名

公證人宣讀、講解遺囑內容後，須再經遺囑人認可，若遺囑人認為不符其口述意旨，可以不為認可，公證人應就遺囑人不認可的部分，進行更正。更正後，仍須進行宣讀、講解，並再經遺囑人認可。

年、月、日是由公證人來記明，公證人、見證人及遺囑人須於遺囑上簽名，遺囑人如果無法簽名的話，也可以用按指印的方式代替，但公證人應將其事由記明於遺囑中。

 21　密封遺囑：生前不會提前曝光

案例討論 隱密但也容易引起爭議

　　長榮集團已故創辦人張榮發先生，於生前曾經製作一份「密封遺囑」，指定由二房獨子，也就是現任星宇航空的總裁張國煒，單獨繼承所有遺產及擔任長榮集團總裁，但是大房三子張國政卻對該份遺囑，向台北地方法院提出「確認遺囑無效」的訴訟。

　　該案的主要爭議，除了張榮發於作成該份遺囑時，是否具遺囑能力，另一個爭議是，該份遺囑是否違反《民法》中密封遺囑的規定？

　　最後台北地方法院民事一審判決，認定該份密封遺囑有效，但目前該案仍在二審審理當中，尚未判決確定，將來結果如何，勢必會持續引發關注。

法律視角 不想生前就揭露內容

有些人想要預立遺囑，先做好百年後財產的分配規劃，以免將來措手不及，但是又不希望自己預立的遺囑提前曝光，畢竟如果內容對某些繼承人較為不利，例如分配的金額或價值比他原來的應繼分還少，那麼遺囑人可能在生前就必須面臨某些繼承人的質疑或不滿，甚至引發家庭紛爭，所以《民法》有「密封遺囑」的作成，**此種遺囑的好處是，遺囑內容在生前不會提前曝光。**

密封遺囑的法定作成方式

密封遺囑，根據《民法》第 1192 條規定：「應於遺囑上簽名後，將其密封，於封縫處簽名，指定二人以上之見證人，向公證人提出，陳述其為自己之遺囑，如非本人自寫，並陳述繕寫人之姓名、住所，由公證人於封面記明該遺囑提出之年、月、日及遺囑人所為之陳述，與遺囑人及見證人同行簽名。」

重要規定說明

1. 須遺囑人於遺囑上簽名

密封遺囑的特色在於，遺囑的內容，公證人與見證人也不會知道，且遺囑全文不必由遺囑人自己書寫。因此法律要求遺囑人應於遺囑上簽名，以表示該遺囑的內容是出於遺囑人自己的意思。

密封遺囑並不像公證遺囑，規定遺囑人不能簽名的話，可以用按指印代替，因此如果遺囑人無法簽名的話，就無法作成密封遺囑，必須改用其他方式立遺囑。

2. 須由遺囑人將遺囑密封，並於封縫處簽名

遺囑人應將遺囑密封，以防止他人事先打開。至於密封的方法如何，法律並沒有特別規定，只要由遺囑人自行作成，不使遺囑內容外洩就可以了。

3. 須由遺囑人指定二人以上的見證人向公證人提出，陳述內容為自己的遺囑

密封遺囑的見證人，只是見證該遺囑是遺囑人向公證人所提出，且遺囑人有向公證人陳述，以及公證人在封面記明

年、月、日等過程，至於遺囑的內容，見證人並不會知道，因此不在見證的範圍。公證人也僅就該遺囑提出的年、月、日及遺囑人向其所為的陳述，負責記明而已。

4. 密封遺囑如非本人自寫，應一併陳述繕寫人姓名、住所

密封遺囑的內容，可以由遺囑人自行書寫、打字或委由他人代寫，若由遺囑人自行書寫或打字，那麼只需要向公證人陳述為自己的遺囑即可，不必涉及遺囑的內容；若由他人代為書寫，就還要陳述書寫人的姓名、住所，好讓公證人及見證人知道，該遺囑出於何人之手，以便於日後有所爭執時，詢問代為書寫的人。

5. 須由公證人在遺囑封面記明該遺囑提出的年、月、日，以及遺囑人的陳述

公證人須將遺囑人提出遺囑的年、月、日，以及遺囑人所作的陳述，記明於遺囑封面上。公證人記明的年、月、日，在法律上就是該密封遺囑成立的日期。

6. 須由公證人、遺囑人及見證人同行簽名

公證人、遺囑人及見證人在封面一起簽名後，密封遺囑
的法定程序，就大功告成了。

如果作成方式不符規定，遺囑就無效嗎？

需特別向讀者說明的是，如果密封遺囑不具備法律所規
定的方式，但具備《民法》自書遺囑的方式，也會有自書遺
囑的效力。

因為密封遺囑的作成方式跟自書遺囑比起來複雜很多，
如果因為違反部分作成方式，導致遺囑無效，實有違遺囑人
的本意，因此為尊重遺囑人的意志，《民法》規定，即使密
封遺囑不符合法定方式，但如果具備自書遺囑的法定方式，
則應承認該遺囑仍具有自書遺囑的法律效力。

22　代筆遺囑：留意見證人的資格

 遺囑可以由繼承人代筆嗎？

　　幾年前，有位邱姓製作人與裴姓恩師家人間，產生了遺產繼承的糾紛，因恩師立有一份「代筆遺囑」，內容是將約兩億元的遺產分給愛徒，因此恩師的家人向法院提出「確認遺囑無效」的訴訟。

　　因恩師的家人認為，該份代筆遺囑違反「受遺贈人不得為遺囑見證人」的規定，且見證人中的其中兩個並非該遺囑的適格見證人、該份遺囑欠缺三名適格見證人見證，再加上代筆撰寫遺囑的人也欠缺適格遺囑見證人的資格。法院審理後，以遺囑見證人資格有問題，不符合代筆遺囑要件，判決該遺囑，依法應屬無效。

　　但這個案件目前仍在二審審理當中，尚未判決確定，不過有關「代筆遺囑」的相關問題，值得研究與作為借鏡。

法律視角 代筆人不限公證人

代筆遺囑的作成方式跟公證遺囑大同小異，且代筆人不限於公證人，一般人也可以代為撰寫代筆遺囑。有些人對於自己撰寫遺囑沒有把握，可能因為不識字而無法作成自書遺囑，或是居住比較偏遠而無法到法院公證處或民間公證人事務所，這時候「代筆遺囑」就不失為一個選項。

而且因為有見證人，相較自書遺書，也比較不容易產生爭執，但還是要注意作成的法定方式，如果有缺漏的話，還是有可能會被認為不具法律上的效力。

代筆遺囑的法定作成方式

代筆遺囑，根據《民法》第 1194 條規定：「由遺囑人指定三人以上之見證人，由遺囑人口述遺囑意旨，使見證人中之一人筆記、宣讀、講解，經遺囑人認可後，記明年、月、日及代筆人之姓名，由見證人全體及遺囑人同行簽名，遺囑人不能簽名者，應按指印代之。」

重要規定說明

1. 須由遺囑人指定三人以上之見證人

代筆遺囑規定，須指定三人以上的見證人，可是扣除兼為代筆人的見證人，實質上也僅需要另外兩位見證人即可，因此實際上跟公證遺囑、密封遺囑的要求，並沒有不同。

法律明定為「見證人」，而非「證人」，依文義及立法意旨來看，代筆遺囑的見證人，應以被繼承人為遺囑時，始終親自在場見聞並能作為證明，及與遺囑人一起在遺囑上簽名的人，才能算是見證人。

另依《民法》第 1198 條規定，下列之人不得為見證人：

1. 未成年人。
2. 受監護或輔助宣告之人。
3. 繼承人及其配偶或其直系血親。
4. 受遺贈人及其配偶或其直系血親。
5. 為公證人或代行公證職務人之同居人、助理人或受僱人。

前文案例中，一審法院之所以判決遺囑無效，就是因為

見證人中的其中兩位（有一位兼任代筆人），是該份遺囑中寫到的「受遺贈人」，所以法院最後認定，該份遺囑，依法應屬無效。

因此，如果打算預立代筆遺囑，或其他需要見證人見證的遺囑（除了自書遺囑，其他種類的遺囑皆需要見證人參與），請務必一定要注意《民法》有關遺囑見證人資格的規定，以免徒勞無功，甚至引發後續的訴訟糾紛。

2. 須由遺囑人口述遺囑意旨

代筆遺囑須由遺囑人親自口述遺囑意旨，且在見證人均始終親自在場聽聞下作成，**遺囑人須以言語口述，不得以其他舉動表達**，如果事先撰擬遺囑文字，由見證人念讀，遺囑人僅以點頭、搖頭或「嗯」聲等或其他動作示意表達，而未以言語口述遺囑意旨，也都不能視為遺囑人口述，這是為了確保遺囑內容是出於遺囑人的真意，以防止他人左右遺囑的意思或誤解遺囑人的舉動。

3. 須由見證人中之一人筆記、宣讀、講解

所謂「筆記」，究竟是否一定要代筆人親自執筆書寫，還是可以用電腦打字？這點目前還有爭議。

有些法院判決認為，只需將遺囑意旨以文字表明就好，所以如果是由代筆見證人起稿，而後送打字也無不可。法務部有函示認為，可以用電腦打字或自動化機器製作，《繼承登記法令補充規定》也有類似的規定。

但是多數學者見解跟部分法院判決認為，如遺囑全文以打字方式作成，而非由代筆人親自執筆，即違反法律規定的方式，依法應屬無效。

目前在《民法》尚未修正之前，**建議還是由代筆人親自書寫遺囑內容會比較妥當**，以免產生爭議。

4. 經遺囑人認可後，記明年、月、日及代筆人的姓名

遺囑內容寫完後，還必須再宣讀並講解給遺囑人聽，以確認遺囑人認可遺囑內容無誤。

5. 須由見證人全體及遺囑人同行簽名，遺囑人不能簽名者，應按指印代替

若遺囑人不能簽名，應按指印代替，但代筆人不必記明遺囑人不能簽名的事由，這點與公證遺囑有點不一樣。

代筆遺囑範例

遺　囑

　　立遺囑人○○○，民國○○年○○月○○日生，身分證字號:A○○○○○○○○○；特於神智清楚之情況下，立遺囑內容如下：

一、不動產部分：

　　本人所有坐落：臺北市○○區○○段○小段○○○地號持分全部之土地，及臺北市○○區○○段○小段○○建號(門牌號碼：臺北市○○街○○巷○○號)持分全部之建物；與新北市○○區○○段○○○地號持分全部之土地，及新北市○○區○○段○○○建號(門牌號碼：新北市○○區○○街○○號○樓)持分全部之建物，皆由長女A單獨繼承。

二、現金及存款部分：

　　本人遺留之現金及存款、股票及其他財產，扣除醫療、喪葬等相關費用後之餘額，全部由長男B單獨繼承。

三、本遺囑之內容，係由立遺囑人○○○指定

(接下頁)

○○○、○○○、○○○為見證人，由立遺囑人口述
遺囑意旨，使見證人中之○○○筆記、宣讀、講解，
經立遺囑人認可後，記明年、月、日及代筆人之姓
名，由見證人全體及立遺囑人同行簽名。

立遺囑人：

見 證 人：

身分證字號：

見 證 人：

身分證字號：

見 證 人：

身分證字號：

中 華 民 國 ○○ 年 ○○ 月 ○○ 日

23 口授遺囑：須交親屬會議確認

案例討論 來不及寫下的最後交代

　　U 先生的繼父年歲已大，與 U 先生同住，並由 U 先生照料日常生活。某天 U 先生的繼父因高血壓、糖尿病等宿疾復發，經轉送台北市某市立醫院治療，過沒多久，U 先生的繼父突然病危，U 先生的繼父因隻身從大陸隨政府播遷來台，並無子嗣，而晚年受 U 先生諸多照顧，遂決定將其名下所有存款，於過世後贈與 U 先生。

　　但因為 U 先生的繼父已無法提筆書立遺囑，簽名也有困難，所以用「口授方式」訂立遺囑，並當場指定主治醫師 A、B、C 三人為見證人，由 A 將其遺囑意旨，作成筆記。

　　直到 U 先生的繼父死亡後，U 先生曾向行政院退輔會請求協同辦理交付遺贈物事宜，退輔會卻以該口授遺囑真偽無法認定為由，拒絕辦理，於是 U 先生就對退輔會提起「確認

遺囑真偽」的訴訟，但並沒有於遺囑人死亡後三個月內先提
經親屬會議認定。

法律 有效口授遺囑的兩大方式

為了避免遺囑人因生命危急或其他特殊情形（例如戰
爭、天災），無法作成遺囑，導致遺囑人不能對自己的財產
做最終的處分，所以《民法》中還有設置一種特殊的遺囑類
型——口授遺囑。

口授遺囑的法定作成方式

口授遺囑，根據《民法》第 1195 條規定，遺囑人因生
命危急或其他特殊情形，不能依其他方式為遺囑者，得依下
列方式之一為口授遺囑：

1. 由遺囑人指定二人以上之見證人，並口授遺囑意旨，
   由見證人中之一人，將該遺囑意旨，據實作成筆記，
   並記明年、月、日，與其他見證人同行簽名。

2. 由遺囑人指定二人以上之見證人，並口述遺囑意旨、遺囑人姓名及年、月、日，由見證人全體口述遺囑之為真正及見證人姓名，全部予以錄音，將錄音帶當場密封，並記明年、月、日，由見證人全體在封縫處同行簽名。

重要規定說明

1. 前提要件

必須遺囑人因生命危急或其他特殊情形，不能依其他方式為遺囑。

2. 口授遺囑作成方式種類

(1) 筆記口授遺囑

A. 須由遺囑人指定二人以上的見證人。

B. 遺囑人須向見證人口授遺囑意旨。

C. 須由見證人中的一人將該遺囑意旨據實作成筆記：口授遺囑因為情況特殊，所以法律並無規定必須由筆記的見證人宣讀、講解，也無須經遺囑人的認可。

D. 由筆記人記明年、月、日，與其他見證人同行簽
名：口授遺囑因情況特殊，所以法律不要求遺囑
人必須與見證人同行簽名。

(2) 錄音口授遺囑

A. 須由遺囑人指定二人以上的見證人。

B. 遺囑人須向全體見證人口述遺囑意旨、遺囑人姓
名及年、月、日，全部予以錄音。

C. 須由見證人全體口述遺囑之為真正及見證人姓
名，全部予以錄音。

D. 需將錄音帶當場密封，並記明年、月、日，由見
證人全體在封縫處同行簽名。

3. 口授遺囑的有效期間

口授遺囑，自遺囑人能依其他方式為遺囑開始，經過三
個月而失其效力[*]。

4. 口授遺囑的認定

口授遺囑，應由見證人中的一人或利害關係人，於遺囑

---

[*] 《民法》第 1196 條參照。

人死亡後三個月內，提經親屬會議認定其真偽，對於親屬會議的認定如有異議，得聲請法院判定 [*]。如果沒有於遺囑人死亡後三個月內，提經親屬會議或法院認定，則該份口授遺囑就不具法律效力。

　　口授遺囑應由見證人中的一人或利害關係人，於遺囑人死亡後三個月內，提交親屬會議認定其真偽。因為口授遺囑通常是因遺囑人生命危急或其他特殊情形，不能用其他方式訂定遺囑時，所作的遺囑，其真實性及是否符合遺囑人的本意，只有遺囑人的親人最清楚，其他人較難深入了解，所以法律規定，須在遺囑人死亡後三個月內提交確認，使遺囑的真偽能早日確定，避免因時間久了，容易發生爭議，影響到第三人的權益。

　　因此前文的案例，口授遺囑若不經認定程序，則不生效力。該份口授遺囑的作成雖已具備形式要件，但是 U 先生的繼父過世超過三個月，U 先生或其他人並未依規定，由見證人中的一人或利害關係人，提交親屬會議認定其真偽，所以該份口授遺囑依法應不生效力。

---

*　《民法》第 1197 條參照。

24 遺囑能力，影響遺囑效力

案例討論 罹患失智症後寫下的遺囑

　　E小姐的父親日前高齡九十多歲過世，過世前兩年身體跟精神狀況越來越差，原本只有輕度失智症，後來經醫生診斷，E小姐的父親過世前一年，已經達到重度失智症。E小姐因為已經結婚，跟先生一起住在南部，沒有跟父親住在一起，在父親過世並辦好喪葬事宜沒多久，E小姐的大哥卻拿出一份父親過世前半年作成的代筆遺囑，說這是父親生前所作成的遺囑，且內容是說父親過世後的所有遺產，都由大哥一人單獨繼承。

　　這個時候，E小姐對於遺產繼承的問題，有何應對的處理方式？

法律 視角 無行為能力和未滿 16 歲不得立遺囑

　　關於遺囑的常見爭議，除了遺囑作成是否符合法定方式，另一個於實務上也經常出現的是：遺囑人於遺囑作成時是否具備「遺囑能力」？

　　依據《民法》第 1186 條規定：「1. 無行為能力人，不得為遺囑。2. 限制行為能力人，無須經法定代理人之允許，得為遺囑。但未滿十六歲者，不得為遺囑。」因此未滿十六歲的人不能作成遺囑，但如果已經滿十六歲，那麼就算父母親沒有允許，也是具備作成遺囑的能力。

　　所謂「無行為能力人」是指未滿七歲的未成年人，或受監護宣告之人；另外，如果遺囑是在遺囑人無意識或精神錯亂中所為，則該份遺囑亦應屬無效。已經被聲請監護宣告，但尚未經法院宣告前所作成的遺囑並不是絕對無效，還是應該判斷遺囑人在作成遺囑時，是否處於無意識或精神錯亂中，再決定該份遺囑是否有效。

　　實務上經常發生不肖子女或其他有心人士，會利用長輩精神狀況有問題的情形下，讓長輩作成對自己有利的遺囑，以圖謀於長輩過世之後，獲得絕大部分的遺產，所以如果家中長輩有被利用的疑慮，其實「監護宣告」、「輔助宣告」

制度可以作為很好的保護措施，不只是保護長輩本身，也可以保障將來的繼承人，能順利取得應該獲得的遺產。

後文將介紹所謂的「監護宣告」與「輔助宣告」制度。

監護宣告

什麼是「監護宣告」？

對於有精神障礙或其他心智缺陷，導致不能清楚表達、接受意思表示，或不能辨識意思表示的人（例如：重度智能障礙或重度失智症患者），法院得依據聲請人的聲請，為監護宣告。此時受監護宣告的人會成為「無行為能力人」[*]，法院除了同時選出一位或數位「監護人」擔任受監護宣告人的法定代理人，也會再選一位或數位適當的人，跟監護人一起開具受監護宣告人的財產清冊，我們一般稱之為「會同開具財產清冊之人」[†]。

---

[*] 《民法》第 15 條參照。
[†] 《民法》第 1111 條第 1 項參照。

管轄法院在哪裡？

監護宣告事件，專屬應受監護宣告人住所地或居所地的法院管轄[*]。

誰能聲請？

本人、配偶、四親等內的親屬、最近一年有共同居住事實的其他親屬、檢察官、主管機關、社會福利機構、輔助人、意定監護受任人或其他利害關係人[†]。

此外，2019 年 6 月間於《民法》中也增訂了「意定監護」的制度，這個制度的立法目的，是為了充分尊重本人的意思自主權，透過事先訂立意定監護契約的方式（意定監護契約應由公證人公證並作成公證書）[‡]，約定好如果自己成為無行為能力人後，由何人來擔任自己的監護人，讓你可以「自己選擇自己的監護人」，所以依據《民法》關於意定監護的規定，意定監護契約的受任人也可提出監護宣告的聲請。

---

[*] 《家事事件法》第 164 條參照。
[†] 《民法》第 14 條第 1 項參照。
[‡] 《民法》第 1113 條之 3 第 1 項參照。

應表明哪些事項？

監護宣告的聲請，應表明原因，也就是指應受監護宣告人「已達精神障礙或其他心智缺陷，致不能為意思表示或受意思表示，或不能辨識其意思表示的效果」的事實及證據，且最好能先於聲請時一併提出：

1. 醫院診斷證明書或殘障手冊[*]。
2. 應受監護宣告人及聲請人、擬擔任監護人、會同開具財產清冊人的戶籍謄本。
3. 親屬系統表。
4. 擬擔任監護人、會同開具財產清冊人的同意書。

聲請宣告的費用及流程為何？

聲請監護宣告事件，應繳納聲請費用新台幣 1,000 元給法院。

聲請人聲請後，法院會安排鑑定時間，以應受監護宣告人所在的醫院或由聲請人，偕同應受監護宣告人至指定醫院配合鑑定，聲請人並應依醫院的通知繳納鑑定費用。

---

* 《家事事件法》第 166 條參照。

醫院鑑定費用繳交完畢後，醫院就會安排時間進行鑑定，精神鑑定當天有些案件的法官會親自前往，有些則不會，要看個別案件的狀況[*]，但一般來說，家屬都會陪同前往醫院進行鑑定程序，畢竟應受監護宣告人的精神狀況通常都無法自理。

鑑定完畢後，等待醫院作成鑑定報告，並將鑑定報告送至法院，法官通常皆是依照鑑定報告的結果來作裁定。法官不一定會再開庭，是否會再開庭一樣要看個案狀況而定。

監護宣告之裁定，應同時選定監護人及指定會同開具財產清冊之人，並附理由，法院為選定及指定前，應徵詢被選定人及被指定人之意見[†]。法院選定及指定前，可以命主管機關或社會福利機構進行訪視，提出調查報告及建議。監護聲請人或利害關係人也可以提出相關資料或證據，供法院斟酌[‡]。

法院會如何裁定？

法院做監護宣告的裁定時，會依職權就配偶、四親等內

---

* 《家事事件法》第 167 條參照。
† 《家事事件法》第 168 條第 1、2 項參照。
‡ 《民法》第 1111 條第 2 項參照。

的親屬、最近一年就同居事實的其他親屬、主管機關、社會福利機構或其他適當的人選中，定一人或數人為監護人，並同時指定會同開具財產清冊之人。

但是如果照護受監護宣告人的法人或機構及其代表人、負責人、與該法人或機構有僱傭、委任或其他類似關係的人，不能擔任監護人。但配偶、四親等內之血親或二親等內之姻親者，不在此限[*]。

依據《民法》第 1111 條之 1 的規定：「法院選定監護人時，應依受監護宣告之人之最佳利益，優先考量受監護宣告之人之意見，審酌一切情狀，並注意下列事項：1. 受監護宣告之人之身心狀態與生活及財產狀況；2. 受監護宣告之人與其配偶、子女或其他共同生活之人間之情感狀況；3. 監護人之職業、經歷、意見及其與受監護宣告之人之利害關係；4. 法人為監護人時，其事業之種類與內容，法人及其代表人與受監護宣告之人之利害關係。」

如果法院對於監護宣告的聲請，認為未達應受監護宣告的程度，而有輔助宣告原因的話，可以依聲請或依職權裁定為輔助宣告。法院做出輔助宣告裁定前，應使聲請人及受輔

---

* 《民法》第 1111 條第 1 項、第 1111 條之 2 參照。

助宣告之人有陳述意見的機會[*]。

受監護宣告後的效果為何？

受監護宣告之人，無行為能力，所以所做的意思表示也均屬無效[†]，也就是受監護宣告的人，所有意思表示均須由法定代理人代為[‡]。受監護宣告的人應設置監護人[§]，監護人於監護權限內，作為受監護人之法定代理人[¶]。

輔助宣告

什麼是「輔助宣告」？

一般人如有精神障礙或其他心智缺陷，造成與他人溝通或對於他人表達的意思了解程度，比一般人弱，例如有輕度智能障礙或輕度失智症的患者，日常生活雖可以自理，但很容易被人利用或遭欺騙，則聲請人可向法院聲請對其為輔助

---

[*]　《家事事件法》第 174 條第 1、2 項；《民法》第 14 條第 3 項參照。

[†]　《民法》第 75 條參照。

[‡]　《民法》第 76 條參照。

[§]　《民法》第 1110 條參照。

[¶]　《民法》第 1113 條準用《民法》第 1098 條第 1 項。

宣告。

《民法》中規定，法院可以因本人、配偶、四親等內之親屬、最近一年有同居事實之其他親屬、檢察官、主管機關或社會福利機構的聲請，做出輔助宣告[*]。

管轄法院在哪裡？

輔助宣告事件，專屬應受輔助宣告人住所地或居所地的法院管轄[†]。

誰能聲請？

本人、配偶、四親等內的親屬、最近一年有共同居住事實的其他親屬、檢察官、主管機關社會福利機構。

應表明哪些事項？

輔助宣告之聲請，應表明其原因，也就是指應受輔助宣告人「已達精神障礙或其他心智缺陷，致其為意思表示或受意思表示，或辨識其意思效果之能力，顯有不足」的事實及

---

* 《民法》第 15 條之 1 第 1 項參照。
† 《家事事件法》第 177 條參照。

證據，且最好能先提出醫院診斷證明書、受監護宣告人及聲
請權人的戶籍謄本。

聲請宣告的費用及流程為何？

聲請輔助宣告事件應繳納聲請費用新台 1,000 元給法院。

聲請人聲請後，法院會安排鑑定時間，以受輔助宣告人
所在的醫院，或由聲請人偕同受輔助宣告人至指定醫院配合
鑑定，聲請人應依醫院通知繳納鑑定費用。其他規定跟前文
「監護宣告」相同，讀者可自行參考。

法院如何裁定？

法院做成輔助宣告的裁定時，會依職權就配偶、四親等
內的親屬、最近一年就同居事實的其他親屬、主管機關、社
會福利機構或其他適當的人選定一人或數人為輔助人。

如果照護受輔助宣告人的法人或機構及其代表人、負責
人，或與該法人或機構有僱傭、委任或其他類似關係的人，
就不能作為輔助人，但如果是受輔助宣告之人的配偶、四親
等內之血親或二親等內之姻親者，不在此限[*]。

---

[*] 《民法》第 1113 條之 1 第 2 項準用《民法》第 1111 條第 1 項、第 1111 條
之 2 參照。

　　法院對於輔助宣告的聲請，認為有監護宣告之必要者，得依聲請或依職權以裁定為監護之宣告。法院作成裁定前，應使聲請人及受輔助宣告之人有陳述意見的機會[*]。另外，**如果已經是受輔助宣告人，但是法院認有受監護宣告的必要，則法院可以依聲請以裁定變更為監護宣告**[†]。如果受監護的原因不在了，但仍有輔助必要的人，法院得依第 15 條之 1 第 1 項規定，變更為輔助宣告[‡]。

受輔助宣告後的效果為何？

　　受輔助宣告之人，應置輔助人。另外依據《民法》第 15 條之 2 的規定，受輔助宣告之人為下列行為時，應經輔助人同意。但純獲法律上利益，或依其年齡及身分、日常生活所必需者，不在此限：

1. 為獨資、合夥營業或為法人之負責人。
2. 為消費借貸、消費寄託、保證、贈與或信託。
3. 為訴訟行為。

---

[*]　《家事事件法》第 179 條第 1、2 項參照。

[†]　《家事事件法》第 175 條第 1 項、民法第 15 條之 1 第 3 項參照。

[‡]　《民法》第 14 條第 4 項參照。

4. 為和解、調解、調處或簽訂仲裁契約。

5. 為不動產、船舶、航空器、汽車或其他重要財產之處分、設定負擔、買賣、租賃或借貸。

6. 為遺產分割、遺贈、拋棄繼承權或其他相關權利。

7. 法院依前條聲請權人或輔助人之聲請，所指定之其他行為。

這些應經同意的行為，如果沒有損害受輔助宣告之人的利益之虞，而輔助人仍不同意時，受輔助宣告之人得逕行聲請法院許可，再進行。

所以有些法律行為，原則上，受輔助宣告之人在作成之前，是必須經過輔助人同意才行的，例如：不動產買賣、設定負擔、租賃或借貸、訴訟行為等。

如果案例中 E 小姐的父親，在過世前一年已經達到重度失智症，依照一般經驗來說，只要有醫生的診斷證明可以佐證 E 小姐父親，在 E 小姐大哥所稱父親過世前半年作成代筆遺囑時，是處於無意識或精神錯亂中的狀況，那麼在法律上，E 小姐的父親當時應該會被認為沒有作成遺囑的能力，因此 E 小姐可以透過對其大哥提起「確認遺囑無效」的訴訟，

來否定該份代筆遺囑具有法律上的效力，以避免遺產分配的
不利結果。

監護或輔助宣告的人，能否作成有效遺囑？

如果是已經受「監護宣告」的人，那麼在法律上屬於無
行為能力人，因此無法作成有法律效力的遺囑，但如果是受
「輔助宣告」的人呢？

有法院判決認為，依《民法》第 15 之 2 第 1 項規定，受
輔助宣告人立遺囑行為，並未明列需經輔助人同意，且已滿
16 歲的限制行為能力人也可以作成遺囑，比較立法者對限制
行為能力人為法律行為的限制，遠較受輔助宣告人嚴格，依
舉重以明輕的法理，更無限制受輔助宣告人立遺囑的道理，
所以受輔助宣告人不須輔助人同意，就能自行立遺囑[*]。

另外也有法院判決認為，參考《民法》第 15 條之 2 的
立法理由，受輔助宣告之人，並不因輔助宣告而喪失行為能
力，只是為了保護其權益，於其為重要的法律行為時，應經
輔助人同意，除了《民法》第 15 條之 2 第 1 項列舉第 1 款至

---

[*] 參台灣士林地方法院 104 年度家聲抗字第 87 號民事裁定。

第 6 款等行為，應經輔助人的同意始生效力，為免列舉有掛一漏萬之虞，所以於同項第 7 款授權法院得依聲請權人或輔助人之聲請，視個案情況，指定以上 6 款以外的特定行為特定行為也須經輔助人同意，以保護受輔助宣告之人。

因此法院最後依據聲請人之聲請，指定受輔助宣告之人為遺囑行為時，應經輔助人同意[*]，藉此保護受輔助宣告之人，不被有心人士利用或欺騙。

---

[*] 參台灣屏東地方法院 102 年度監宣字第 19 號家事裁定。

25 哪一份遺囑才有效？

案例討論 每次立的遺囑內容都不一樣

　　L 老太太育有二子一女，先生早已離世，L 老太太名下有一棟在台北市價值 3,000 萬元的房子，跟一塊價值 3,000 萬元的共有土地持分。因為與大兒子在台北同住，所以 L 老太太決定百年後，把房子給大兒子繼承，至於另一塊共有土地的持分，則由二兒子與小女兒共同繼承，一人一半。

　　但是，在 L 老太太與大兒子到民間公證人事務所，請公證人協助作成公證遺囑後，大兒子與媳婦對 L 老太太的態度卻有所轉變，而且越來越惡劣，生活中多所挑剔與嫌棄，最後甚至將 L 老太太趕出家門。

　　L 老太太傷心之餘，搬去台中跟二兒子住，並決定另外再去公證人事務所立一份新的公證遺囑，把那棟 3,000 萬元的房子改留給二兒子繼承，至於另一塊共有土地的持分，則

由大兒子跟小女兒共同繼承。豈料，在第二份公證遺囑作成之後，二兒子與媳婦也開始對 L 老太太不理不睬，冷漠以對。再次傷心欲絕的 L 老太太，最後只能跑去投靠遠嫁高雄的小女兒。

還好小女兒與丈夫非常孝順 L 老太太，而 L 老太太也決定再去公證人事務所，請公證人再立一份新的公證遺囑，改將 3,000 萬元的房子留給小女兒單獨繼承，至於兩個兒子就共同繼承那一塊共有土地的持分。之後小女兒跟丈夫也一樣非常孝順 L 老太太，讓 L 老太太可以含飴弄孫，獲得細心的呵護與照顧，直到 L 老太太過世。

在 L 老太太過世後，大兒子就先拿出第一份公證遺囑，主張 3,000 萬的房子應該由他單獨繼承，二兒子也接著就拿出 L 老太太作的第二份公證遺囑，譏笑哥哥痴心妄想，兩人因此而鬧上法院。但在遺產官司訴訟期間，小女兒最後也提出母親留下的第三份公證遺囑，大兒子跟二兒子都不敢相信，母親竟然前後作成了三份遺囑，而且三份遺囑的內容都不一樣。

法律 視角 遺囑可變動也可撤回

遺囑作成的時候，跟遺囑發生效力的時間，也就是遺囑人死亡時，這中間很可能相隔甚久，長達數年或數十年也所在多有。在這麼長的一段時間內，情況可能會有所變化，而且人也都是會變的，不管是遺囑人，或原來因為遺囑而受益的人，所以法律制度上，**遺囑是可以撤回的，具有「可變動性」與「可撤回性」**。

又因為遺囑生效前，現實上因遺囑而受利益的人都還沒有取得任何權利，所以就算遺囑人隨時變更或撤回遺囑，也不會發生侵害受益人既得利益的問題，不會導致社會上法律關係不安定的狀況。

前文案例中，L老太太的三份遺囑如果都符合法律規定的作成方式，而且也都是在L老太太意識清楚的狀況下所作成的，那麼三份遺囑原本都算是具有法律效力，但是如果在前後有數份遺囑的狀況下，該怎麼去認定前後數份遺囑的效力呢？

根據《民法》第1220條規定：「**前後遺囑有相牴觸者，其牴觸之部分，前遺囑視為撤回。**」所以案例中，L老太太最後對於名下在台北市價值3,000萬元的房子，跟一塊價值

3,000 萬元的共有土地持分，究竟應該由誰繼承，前後三份遺囑內容有所牴觸，依據法律規定，前面的遺囑視為撤回，也就是說，以後面新的遺囑為準。

因此案例中，L 老太太前面兩份遺囑在法律上都會被視為撤回，也就是最後只剩下最新的這份遺囑仍有法律效力，所以小女兒可以單獨得到在台北市價值 3,000 萬元的房子，而大兒子跟二兒子只能共同繼承那一塊共有土地的持分。

另外值得一提的是，遺囑的撤回跟視為撤回，在法律上還有其他幾種可能性：

1. 遺囑人得隨時依遺囑之方式，撤回遺囑之全部或一部*。

   例如：你可以寫一份新的遺囑，然後內容寫到要撤回舊遺囑的一部分內容或全部。但不能以口頭或一般的書面表示，否則這樣是不會發生撤回遺囑的效力。

2. 遺囑人於為遺囑後，所為之行為與遺囑有相牴觸者，其牴觸部分，遺囑視為撤回†。

---

*　《民法》第 1219 條參照。

†　《民法》第 1221 條參照。

例如：遺囑人在立遺囑後，又將原本遺囑中說要分給
誰的房子賣掉或送給其他人，則原本遺囑中所寫的這
部分內容，會當然視為撤回。

3. 遺囑人故意破毀或塗銷遺囑，或在遺囑上記明廢棄之
意思者，其遺囑視為撤回 *。

例如：如果遺囑人在立遺囑後，就故意把遺囑拿去碎
紙機碾碎，或是直接在遺囑上記明廢棄的意思，這樣
遺囑都會被視為撤回，而不會再發生原本遺囑應有的
效力。

---

* 《民法》第 1222 條參照。

26 遺囑該如何執行？

確保最後的交代順利執行

　　H 先生的前妻，在兩個小孩還小的時候外遇，所以兩人因此離婚，兩個孩子的親權，當初是協議歸由前妻行使，後來 H 先生遇到了現任妻子，因現任妻子不孕，導致兩人沒有小孩，但兩人結婚後胼手胝足一起打拚，幾十年下來累積了數千萬元的資產。

　　H 先生近日發現自己罹患癌症，醫生說大概只剩兩、三年的生命，H 先生為了感念現任妻子多年來的照顧與扶持，決定立下遺囑，將名下大部分的資產都留給現任妻子，只保留兩個孩子的特留分，以保障現任妻子晚年生活無虞。

　　但因擔心妻子畢竟年歲已高，將來 H 先生過世後，不見得有能力處理 H 先生遺囑內容相關事情，這時候 H 先生可以如何預作安排，確保將來遺囑內容能確實被執行呢？

法律視角 可以指定遺囑執行人

因為遺囑是於遺囑人死亡時才發生效力，所以遺囑人不可能自己去執行遺囑內容，為了實現遺囑人的意思，因此必須有人來擔任執行遺囑內容的職務。

遺囑的內容，經常會與部分繼承人的利益相反，所以如果由繼承人來執行遺囑，恐怕會有窒礙難行的狀況，或有時候是繼承人無法執行遺囑的相關事務，例如年紀尚幼、年歲已高或是有身心障礙的繼承人，所以法律上就會產生有關遺囑執行的問題。

實務上，如果遺囑有指定遺囑執行人的話，經常是選擇自己信任的親友，或繼承人之一擔任，當然也不乏選擇會計師、律師或其他專業人士擔任遺囑執行人。

如果遺囑有指定遺囑執行人，那麼遺囑執行人可以依照遺囑內容直接辦理相關手續，不必經過全體繼承人的同意，通常可以省去許多不必要的麻煩，也可以加速繼承手續的辦理。

遺囑執行的準備程序

遺囑的交付與通知

遺囑保管人當知道繼承開始時，應立刻將遺囑交付遺囑執行人，並以適當方法通知已知的繼承人；無遺囑執行人的話，應通知已知的繼承人、債權人、受遺贈人及其他利害關係人。無保管人而由繼承人發現遺囑的話亦同[*]。

如果負責保管遺囑的繼承人或受遺贈人，有隱匿或湮滅被繼承人關於繼承遺囑的狀況，那麼可能會因此喪失繼承權[†]。

遺囑的開視

有封緘的遺囑，非在親屬會議當場或法院公證處，不得開視。遺囑開視時，應製作紀錄，記明遺囑的封緘有無毀損情形，或其他特別情事，並由在場的人同行簽名[‡]。

---

[*] 《民法》第 1212 條參照。
[†] 《民法》第 1145 條第 1 項第 4 款參照。
[‡] 《民法》第 1213 條參照。

遺囑執行人的產生

遺囑人得以遺囑指定或委託他人代為指定，另外也可以由親屬會議選定或由利害關係人向法院聲請指定[*]。例如前台塑集團創辦人王永慶先生的配偶王月蘭女士，雖然有留下遺囑，但遺囑中卻未指定遺囑執行人，最後是由利害關係人向法院聲請指定遺囑執行人。

遺囑執行人資格的限制

未成年人、受監護或輔助宣告之人，不得為遺囑執行人[†]。繼承人如果是成年人且未受監護或輔助宣告，也可以為遺囑執行人。

---

[*]　《民法》第 1209 條、第 1211 條參照。

[†]　《民法》第 1210 條參照。

遺囑執行人的職務與權限

編制遺產清冊

遺囑執行人就職後，於遺囑有關的財產，如有編製清冊的必要時，應即編製遺產清冊，交付繼承人[*]。遺囑執行人必須管理遺產並執行遺囑，為了完成任務，自然有必要將遺產明確化。

管理遺產

遺囑執行人有管理遺產，並為執行上必要行為的職務[†]。遺囑執行人的管理權限僅限於與遺囑有關的遺產為限，如果是與遺囑無關的遺產，自然還是應該由繼承人自行管理。

依《民法》第 1214 條及第 1216 條規定，繼承人就與遺囑無關的遺產，並不喪失其管理處分權及訴訟實施權，《民法》第 1215 條所定遺囑執行人有管理遺產的權限，即應以與遺囑有關者為限，超出遺囑範圍的遺產，其管理處分及訴訟實施權並不歸屬於遺囑執行人[‡]。

---

[*] 《民法》第 1214 條參照。
[†] 《民法》第 1215 條第 1 項參照。
[‡] 最高法院 102 年度台上字第 392 號民事判決參照。

執行上必要之行為

例如遺贈物的交付、依遺囑內容執行交付、分配遺產、訴訟行為、繼承人妨害之排除或其他執行上必要的行為。遺囑執行人在執行職務時，繼承人也不可以處分與遺囑有關的遺產。遺囑執行人執行遺囑內容時，可以不受繼承人限制，繼承人不得妨害遺囑執行人職務之執行[*]。

依《民法》第 1215 條第 1 項及第 1216 條規定，與遺囑有關的遺產，其管理、處分權應歸屬於遺囑執行人[†]。

數位遺囑執行人，執行職務的方法

遺囑執行人有數人時，執行職務時以過半數決定。但遺囑另有表示者，則遵從遺囑的意思[‡]。例如已故的前長榮集團創辦人張榮發的遺囑執行人就不只一人，此時就會面臨數位遺囑執行人執行職務的問題。

---

[*] 《民法》第 1216 條參照。
[†] 最高法院 110 年度台上字第 872 號民事判決參照。
[‡] 《民法》第 1217 條參照。

遺囑執行人的解任

遺囑執行人怠於執行職務，或有其他重大事由時，利害關係人得請求親屬會議改選他人；遺囑執行人如果是由法院指定的，可聲請法院另行指定[*]。

遺囑執行人的報酬請求權

除遺囑人另有指定，遺囑執行人就其職務的執行，可以請求相當的報酬，其數額由繼承人與遺囑執行人協議定之；不能協議時，由法院酌定之[†]。

---

[*] 《民法》第 1218 條參照。
[†] 《民法》第 1211 條之 1 參照。

第 4 章

你繼承到的是財，
還是債？

27　繼承到債務，要償還嗎？

案例討論　有財也有債的遺產，怎麼處理？

　　呂先生的爸爸日前過世，名下沒有太多財產，但是呂先生記得以前曾聽媽媽說過，爸爸年輕時做生意失敗，積欠了銀行和親朋好友許多債務，而且呂爸爸這幾年也染上賭博的壞習慣，所以在外面也積欠了一些債務。這時候，呂先生與呂媽媽究竟該如何辦理繼承？

前人的債務不須用自己的錢還

限定繼承

什麼是限定繼承？

限定繼承是指，在現行《民法》規定下，不會有「父債子還」的狀況，繼承人依法雖應承受被繼承人財產上的一切權利、義務，但僅限於遺產範圍，超過此部分，繼承人不負清償的責任，也就是繼承人不用拿自己的財產，替被繼承人還債。

繼承人是「概括繼承」（原則上承受被繼承人所遺留一切權利義務）＋「有限責任」（以繼承所得遺產為限，負清償債務的責任）[*]。也就是說，**繼承人可以拒絕用自己原本的財產，償還被繼承人的債務**，又如果債權人對繼承人的財產做出強制執行的話，繼承人可以提起「第三人異議之訴」，主張不應該執行自己的固有財產。

---

[*] 《民法》第 1148 條第 2 項參照。

如何辦理限定繼承？

繼承人如果想主張法定限定責任，**應於知道繼承開始起三個月內，開具遺產清冊陳報給法院**[*]。繼承人就算沒有於三個月內開具遺產清冊陳報法院，對於被繼承人債權人的全部債權，仍應按其數額，比例計算，以遺產分別償還。

也就是說，即使繼承人都沒有提出遺產清冊，或超過三個月才提出遺產清冊，也不代表就喪失限定繼承的利益，但建議繼承人最好還是遵從法律規定，在知道繼承開始起三個月內，開具遺產清冊陳報給法院，由法院進行公示催告的程序，法院會訂定三個月以上期間，催告債權人報明債權額[†]。

催告期滿後，繼承人必須先將債務清償完畢後，才能分配遺產及交付遺贈物，**如果遺產不夠清償給所有債權人，就需要視是否有優先債權**（如抵押權、質權），要將優先債權清償後，其餘的才能按照各債權人的債權金額比例，以遺產分別償還給各債權人。

關於透過法院進行清算程序應該如何陳報，說明如下：

---

[*] 《民法》第 1156 條第 1 項參照。
[†] 《家事事件法》第 130 條、《民法》第 1157 條參照。

1. **陳報人**：未辦理拋棄繼承的繼承人，數名繼承人中，若有一位陳報，其他繼承人視為已陳報[*]。

2. **陳報期間**：繼承人應於知悉得繼承時起三個月內陳報[†]。

3. **管轄法院**：被繼承人死亡時住所地（戶籍地）的地方法院[‡]。

4. **應具備文件**：

    (1) 陳報書狀（陳報人應於狀末加蓋印鑑章）：繼承人陳報遺產時，應於陳報書狀記載陳報人、被繼承人的姓名及最後住所、獲知繼承的時間。如有其他繼承人，其姓名、性別、出生年月日及住、居所，並附具遺產清冊[§]。

    (2) 被繼承人的除戶戶籍謄本或死亡證明書。

    (3) 聲請人的戶籍謄本、印鑑證明。

    (4) 繼承系統表。

    (5) 所有繼承人之戶籍謄本。

---

[*] 《民法》第 1156 條第 3 項參照。
[†] 《民法》第 1156 條第 1 項參照。
[‡] 《家事事件法》第 127 條第 1 項參照。
[§] 《家事事件法》第 128 條第 1 項參照。

(6) 繼承人名冊。

(7) 遺產清冊：應記載被繼承人的財產狀況及繼承人已知的債權人、債務人[*]。

5. 費用：新台幣 1,000 元。

除非確定被繼承人只有負債，或負債大於資產，否則一般情形下，限定繼承可能是較佳的選擇，因為就算被繼承人留有債務，繼承人也只需要用被繼承人遺留下來的遺產去償還就可以了，不會影響到繼承人本身固有的財產，對繼承人而言，屬於相對保險的選擇。

限定繼承的例外

如果繼承人中有下列情事，就不能主張法定限定責任的利益，而必須負無限責任[†]，也就是可能要拿自己的財產出來清償：

1. 隱匿遺產情節重大。

---

[*] 《家事事件法》第 128 條第 2 項參照。

[†] 《民法》第 1163 條參照。

2. 在遺產清冊上做虛偽的記載且情節重大。

3. 意圖詐害被繼承人的債權人權利而為遺產之處分。

所謂「隱匿遺產情節重大」，須繼承人對該行為是出於故意，如果是過失或錯誤所為，應該不在適用的範圍，至於情節是否重大，則由法院判斷；所謂「在遺產清冊上做虛偽的記載且情節重大」，一樣須出於故意，例如虛報遺產的價值，或被繼承人生前已經清償之債務，繼承人還列入被繼承人遺產清冊的負債中，情節是否重大，一樣是由法院判斷。

雖然目前修法後，原則上皆採「法定限定繼承」原則，但於繼承發生後，還是有例外狀況必須負法定無限責任的，此點必須特別小心！

二年內被繼承人之贈與，視為所得遺產？

為避免被繼承人於生前將遺產贈與繼承人，影響被繼承人債權人的權益，所以《民法》第 1148 條之 1 規定：「繼承人在繼承開始前二年內，從被繼承人受有財產之贈與者，該財產視為其所得遺產。前項財產如已移轉或滅失，其價額，依贈與時之價值計算。」

本條的立法意旨是在保護債權人的權益。常有人會誤

會這條規定，以為只要是繼承人在繼承開始前二年內，受被繼承人贈與財產的人，都應將該財產算進被繼承人的遺產範圍，讓全體繼承人都可以繼承，但其實有債權人才適用，其他一般情況，就沒有再加回去計算的問題！

拋棄繼承

什麼是拋棄繼承？

「拋棄繼承」是指繼承開始後，有繼承權的人依法定方式否認繼承效力，也就是應該繼承的人，**具狀向法院表示不要繼承被繼承人遺留財產上的一切權利及義務**，包含全部財產、債權及債務。如果確定被繼承人的負債大於資產，建議可以直接辦理拋棄繼承。

繼承人可以在「知悉」其得繼承之時開始三個月內，以書面向法院拋棄繼承權。拋棄繼承後，應以書面通知因其拋棄而應為繼承之人，但不能通知者，不在此限[*]。

---

[*] 《民法》第 1174 條參照。

如何辦理拋棄繼承？

1. **管轄法院**：由繼承開始時，被繼承人住所地的法院管轄[*]。

2. **辦理期限：應於知悉其得繼承之時起三個月內辦理[†]，也就是知道被繼承人死亡事實的時間點。後順序的繼承人因先順序的繼承人拋棄繼承，而成為繼承人者，則於知道先順序繼承人拋棄繼承後起算。**

3. **辦理方式：須以「書面」向法院辦理，並以書面通知因其拋棄而成為繼承的人[‡]，**但不能通知者，不在此限，可載明「被繼承人雖有其他應為繼承之人，但因不知其住所而不能通知。」如果自己不會或沒時間處理，也可以委由專業人士協助代辦拋棄繼承的手續，以保障自身權益。

4. **應備文件：**

   (1) 拋棄繼承聲明狀：繼承人拋棄繼承時，應以書面表明下列各款事項：A. 拋棄繼承人；B. 被繼承人的姓名及最後住所；C. 被繼承人死亡的年、月、

---

[*] 《家事事件法》第 127 條參照。

[†] 《民法》第 1174 條第 2 項參照。

[‡] 《民法》第 1174 條第 2 項、第 3 項參照。

日、時及地點；D. 知道繼承的時間；E. 有其他繼承人的話，其姓名、性別、出生年、月、日及住居所[*]。

合法拋棄繼承者，法院應予備查，通知拋棄繼承人及已知的其他繼承人並公告；拋棄繼承不合法者，法院應以裁定駁回[†]。

(2) 被繼承人的除戶戶籍謄本（如戶籍尚無死亡記載，應同時提出死亡證明書）。

(3) 各聲明拋棄繼承人的最新戶籍謄本正本。

(4) 各聲明拋棄繼承人的印鑑證明、印鑑章。

(5) 繼承系統表（各順序的繼承人中，如有已死亡者，應註明其死亡日期）。

(6) 拋棄繼承聲明書（各聲明人均應具名）。

(7) 拋棄通知書收據（已通知因其拋棄繼承而應為繼承人的證明，即通知的存證信函、回執聯及被通知人的戶籍謄本）。

5. **費用**：新台幣 1,000 元。

---

[*] 《家事事件法》第 132 條第 1 項參照。

[†] 《家事事件法》第 132 條第 2、3 項參照。

由法院調查

拋棄繼承為家事非訟事件是由法院依職權調查事實及必要的證據[*]，以確認是否有管轄權、拋棄人有無繼承權、是否為拋棄人的真意等，並將調查結果函知拋棄人。

拋棄繼承的效力

拋棄繼承經法院函准備查者，溯及繼承開始時發生效力[†]，也就是被繼承人死亡時，拋棄人就不是繼承人、不繼承被繼承人的任何權利義務。繼承權的拋棄具有不可分性，不能就繼承標的物中，僅承認其中一部分，而拋棄其他部分[‡]。

繼承人一旦主張拋棄繼承且已完成拋棄繼承的手續，法院准予備查後，**繼承人就不能再主張要撤回這個拋棄繼承，或請求要回復繼承權**，否則繼承關係不能確定，就會嚴重影響次順序的繼承人及利害關係人的權益。

所以繼承人在辦理拋棄繼承手續之前，務必要想清楚，不要辦完才後悔，恐怕就來不及了，因為實務上曾有辦完拋棄繼承後，才發現原來被繼承人存有自己不知道的遺產，那

---

[*] 《家事事件法》第 78 條參照。

[†] 《民法》第 1175 條參照。

[‡] 最高法院 67 年台上字第 3448、3788 號判例參照。

時候想再撤回拋棄繼承，已經是不可能了。

第一順序的繼承人，也就是「直系血親卑親屬」（例如：子女）中有拋棄繼承權者，其應繼分歸屬於其他同為繼承的人[*]；第一順序的繼承人，其親等近者均拋棄繼承權時，由次親等的直系血親卑親屬（例如：孫子輩）繼承，即須子女輩全部拋棄繼承時，孫輩始有繼承權[†]。

第二順序至第四順序的繼承人（即「父母、兄弟姊妹、祖父母」）中，有拋棄繼承權者，其應繼分歸屬於其他同一順序的繼承人[‡]。

先順序繼承人均拋棄其繼承權時，由次順序的繼承人繼承。例如：第一順序的子女全部拋棄繼承的話，就由第二順序的父母繼承；如果第二順序的父母又拋棄繼承的話，就由第三順位的兄弟姊妹繼承，以此類推[§]。

與配偶同為繼承的同一順序繼承人，如果都拋棄繼承權，而無後順序的繼承人時，其應繼分歸屬於配偶；配偶拋棄繼承權者，其應繼分歸屬於與其同為繼承的人[¶]。

---

[*] 《民法》第 1176 條第 1 項參照。
[†] 《民法》第 1176 條第 5 項參照。
[‡] 《民法》第 1176 條第 2 項參照。
[§] 《民法》第 1176 條第 6 項參照。
[¶] 《民法》第 1176 條第 3 項、第 4 項參照。

預為拋棄繼承是否有效？

實務上經常會碰到有人在被繼承人還沒有過世，就預先拋棄繼承。為什麼會發生這種狀況呢？比較常見的是，父母親要求子女中的部分繼承人必須出具切結書或聲明書以示拋棄繼承，好讓其他特定繼承人可以繼承全部的遺產，或是因為繼承人有諸多負債，所以預先承諾拋棄繼承，以免將來債權人執行被繼承人的遺產等，但是這樣預先拋棄繼承，究竟有沒有效力呢？

其實，**預先拋棄繼承在我國是無效的**。因為繼承權的拋棄，是指繼承開始後否認繼承效力，若繼承開始前預為繼承權的拋棄，則法律上不能認為有效[*]。所以即使事先被要求預為拋棄繼承的話，將來該繼承人還是可以主張有繼承權！

債權人能否聲請法院撤銷拋棄繼承？

實務上另外常會碰到的狀況是，繼承人中有人欠下巨額負債，所以繼承人在得知被繼承人過世後三個月內，便向法院辦理拋棄繼承，這時候有些債權人（通常是銀行）知道繼

---

[*] 最高法院 22 年上字第 2652 號判例參照。

承人拋棄繼承後，會依據《民法》第 244 條的規定[*]，向法院聲請撤銷繼承人的拋棄繼承，但是這樣的主張是否合理呢？

有部分見解認為，如果債務人在繼承開始後拋棄繼承而受不利益時，屬於處分原已取得的財產上權利，如果因而害及債權人的債權，那麼債權人是可以行使撤銷權，請求撤銷這個拋棄繼承。但是多數法院見解釋認為，**債權人能行使撤銷權的對象是以「財產上行為」為限，但是繼承權的拋棄不是單純的財產行為，拋棄的效果不僅不承受財產上的權利，也不承受財產上的義務，所以繼承權的拋棄就算有害及債權人的債權，也不允許債權人主張撤銷。**

繼承權之拋棄，是指繼承人於法定期間否認繼承對其發生效力的意思表示。而拋棄因繼承所取得之財產，是於繼承開始後，未於法定期間拋棄繼承權，後來就已繼承取得的財產予以拋棄，與拋棄繼承權的性質不同。

雖然繼承權之拋棄不許債權人撤銷，但如果拋棄因繼承所取得的財產，而將繼承所得財產之公同共有權，與其他繼承人為不利於己的分割協議，因而損害債權者，債權人自然

---

[*] 債務人所為之無償行為，有害及債權者，債權人得聲請法院撤銷之。

能依《民法》第 244 條第 1 項行使撤銷權[*]。

例如繼承人 A 積欠債權人 B 新台幣 300 萬元，但都沒有清償，後來繼承人 A 與其他繼承人共同繼承被繼承人的遺產一棟房子，已經先辦理繼承登記，但其後卻與其他繼承人就遺產的分配，再簽署「遺產分割協議書」，繼承人 A 將該棟房子同意由其他繼承人取得，而自己卻沒有分到任何遺產，這時候如果因而損害到債權人 B 的債權，則債權人 B 可以依《民法》第 244 條第 1 項行使撤銷權。

有關限定繼承與拋棄繼承的差別與選擇時機，可以見圖表 4-1。

	限定繼承	拋棄繼承
效力	僅以被繼承人的遺產負償還債務的責任。	非繼承人而不繼承被繼承人的任何權利義務。
選擇時機	確定被繼承人的資產大於負債，或有資產但不確定負債是否大於資產。	確定被繼承人只有負債或被繼承人的負債大於資產。

圖表 **4-1** 限定繼承與拋棄繼承的差別與選擇時機

---

[*] 最高法院 106 年度台上字第 1650 號民事判決參照。

28 清查及繼承遺產的手續

案例討論 親人辭世後的處理流程

有天晚上呂先生突然接到住在南部的媽媽電話，說父親去海邊釣魚，但卻沒有回家吃晚餐，也剛好沒有帶手機出門，呂媽媽只好去派出所報案，請警察幫忙找人，警方也出動了很多警察，甚至連鄰居、親朋好友也一起幫忙找，但是當天晚上還是沒有找到人。呂先生當天晚上趕回南部照顧媽媽，並與大家一起尋找呂爸爸的蹤跡，但直到凌晨還是沒有找到人。

隔天早上，派出所的所長在一處平常比較少人會去的海邊，發現了呂爸爸的遺體，當時呂爸爸已經沒了呼吸心跳，倒臥在地上。檢察官與法醫相驗完畢，也請呂先生與呂媽媽一起到地檢署作筆錄，訊問呂爸爸平常有無與人結怨，並判斷有無他殺的可能性。

最後由於呂爸爸身上沒有其他受傷的痕跡，法醫也診斷應該是因為急性心肌梗塞導致死亡，加上呂爸爸平常沒有與人結怨，所以檢察官排除他殺的可能性，也無須進一步解剖，就發給相驗屍體證明書給呂先生與呂媽媽，並請兩人回家休息。

除了要打理父親的喪葬事宜，呂先生人生第一次面臨到要處理父親遺產繼承的相關問題，但是卻不知道從何著手。

法律視角 了解繼承流程，避免措手不及

許多人往往都是因為至親過世，才會思考遺產繼承的問題，極少人平常會對遺產預先做了解與準備，通常都是等事情發生後，才會去查詢相關資料，或研究如何處理遺產繼承的手續，如果被繼承人留下的遺產種類比較複雜或數目較多，又或者繼承人人數眾多時，將是一件耗費心力的事情。

以下針對遺產繼承應該辦理的手續進行介紹與說明：

一、申請開立死亡證明書或相驗屍體證明書

　　如果親人是在醫院因病亡故的話，醫生會開立「死亡證明書」，家屬（通常是配偶或直系血親）可以向醫院申請多份死亡證明書（通常一次是發十份），因為之後辦理被繼承人除戶、遺產繼承或申請保險理賠、埋葬、火化、保險及撫卹等相關事宜，都會需要用到，所以通常醫院也會給比較多份的死亡證明書。申請時需要被繼承人的身分證與申請人的身分證、戶口名簿或戶籍謄本及印章，每個醫院的要求可能不太一樣，不過大致上來說是大同小異。

　　如果親人是屬於非病死或疑似非病死時（例如因為意外過世），則應等候警方通知檢察官到現場進行遺體「司法相驗」（檢視大體） [*] **後，才能移動大體，檢察官會和法醫一起前往。相驗的目的是為了排除及確認有沒有因犯罪而死亡的因素，如果發現有犯罪嫌疑時，就會有繼續調查及勘驗的必要，甚至是需要進一步解剖大體。**

　　檢察官相驗完畢後，檢察官和法醫會開具「相驗屍體證明書」給家屬，家屬拿到證明書後，就可以到戶政機關辦理

---

* 《刑事訴訟法》第 218 條參照。

死亡登記或辦理後事。司法相驗、解剖及證明書的開立，都是不收費的。

另外還有一種叫做「行政相驗」，指的是除了非病死或疑似非病死的情況，當病人無法依照《醫療法施行細則》規定，取得死亡證明書時，就由所在地衛生所或直轄市或縣（市）主管機關指定之醫療機構檢驗屍體，開立死亡證明書 [*]。

行政相驗時，如發現有疑似非病死或有犯罪嫌疑的情形，應即報請司法相驗 [†]。

二、辦理死亡登記及除戶

取得死亡證明書後，**必須在 30 天內向戶政機關（全國任一戶政事務所）辦理死亡登記及除戶** [‡]，戶政機關會將死者的戶籍註銷，之後家屬才能辦理除戶的戶籍謄本。後續許多繼承相關事務，也需要有被繼承人的「除戶戶籍謄本」才有辦法辦理。

---

[*] 《醫療法施行細則》第 53 條第 3 項參照。

[†] 《醫師法》第 16 條、《醫療法》第 76 條第 3 項參照。

[‡] 《戶籍法》第 48 條第 1 項參照。

　　辦理死亡登記所需要的文件為：死亡證明書或相驗屍
體證明書、死者的戶口名簿、身分證及申請人的身分證、印
章。委託他人代辦者，另附委託書及受委託人國民身分證、
印章。

　　法律上另外還有「死亡宣告」的制度，依據法律規定，
失蹤人失蹤滿七年後，法院可以因利害關係人或檢察官的聲
請，做出死亡宣告；失蹤人如果是八十歲以上者，可以於失
蹤滿三年後，做出死亡宣告；失蹤人如果是遭遇特別災難，
可以在特別災難結束滿一年後，做出死亡宣告[*]。

　　受死亡宣告者，以判決內所確定死亡的時間，推定其為
死亡。死亡的時間，應為所定期間（七年、三年或一年）最
後日終止時，但有反證者，不在此限[†]。等利害關係人或檢察
官向法院聲請死亡宣告[‡]後，再辦理死亡宣告登記。

三、清查被繼承人的遺產與負債

　　面對親友過世時，悲傷之餘，接下來要面對的遺產繼承

---

[*]　《民法》第 8 條參照。

[†]　《民法》第 9 條參照。

[‡]　《家事事件法》第 155 條參照。

手續，因此必須先清查被繼承人的遺產，但是經常碰到的狀況是，我們對於親友的財產不是一知半解，就是一無所知，除了就親友留下的遺物尋找蛛絲馬跡，究竟該從何著手？

1. 申請被繼承人財產、所得清單與其他財產資料

第一步可以先至各地區國稅局申請被繼承人的財產、所得清單，如果是臨櫃申請的話，必須持死者的除戶謄本或死亡證明書及繼承人身分證正本、印章；如果是網路申請的話，以自然人憑證至財政部稅務入口網站申請，系統會以電子郵件寄送。

為利一般人辦理遺產稅申報，各地區國稅局及所屬分局、稽徵所、服務處及直轄市地方稅稽徵機關，均已提供跨機關查詢金融遺產便民服務，另自 110 年 9 月 1 日起，查得的被繼承人金融遺產資料，統一由國稅局單一窗口回復，也就是提供金融遺產查詢一站式服務。

金融機構（包括銀行、郵局、電子支付機構、農漁會、信用合作社、投信投顧、證券商、保險公司、期貨交易所、集中保管結算所、金融聯合徵信中心等）會將查得資料以電子傳輸方式匯回國稅局，統一由國稅局擔任回復窗口。

自 110 年 9 月 1 日起，一般人申請查詢被繼承人金融遺

產資料，將統一由國稅局提供，一般人可選擇由國稅局掛號寄送，或者自行至財政部電子申報繳稅服務網站下載「遺產稅電子申辦軟體」，於申請後 30 個工作日起使用自然人憑證、已申辦健保卡網路服務註冊之全民健康保險保險憑證或其他經財政部審核通過之電子憑證等下載被繼承人包含金融遺產之財產資料。

　　單一窗口回復金融遺產資料服務，可網路申請、線上下載，也可至各地區國稅局及所屬分局、稽徵所或服務處及直轄市地方稅稽徵機關之全功能櫃檯辦理申請，服務內容如下：

(1) **查詢金融遺產種類**：存款、基金、上市（櫃）及興櫃有價證券、短期票券、人身保險、期貨、保管箱及金融機構貸款及信用卡債務等。

(2) **申請人資格**：遺產稅納稅義務人，包括繼承人、遺囑執行人、遺產管理人。

(3) **應檢附文件**：申請人身分證明文件、被繼承人死亡證明文件、與被繼承人關係證明文件。委託他人申請者，另檢附代理人身分證明文件及委託書。

2. 財產、所得清單如何解讀？

財產清單會顯示被繼承人死亡前所擁有的不動產、汽機車、公司股東權利等狀況，確認相關內容後，繼承人就可以依照上面的記載，向地政機關調取土地及房屋之登記謄本，或向監理站、各縣市政府商管處調取汽機車所有權、公司股東權利登記的相關資料。

與申報遺產稅不同的是，在進行繼承人間的分割遺產時，所有的財產是以被繼承人死亡時的「市價」作為分配的基準數額，例如：不動產不是以「公告現值」，而是以「市價」計算。

所得清單主要會顯示被繼承人死亡前的薪資收入、存款利息、股票股利或執行業務所得等，就繼承而言，存款利息可以得知被繼承人生前在哪些金融機構有存款，而股票股利可以得知被繼承人生前可能有哪些公司的股票或股份。

3. 保險理賠金

如果被繼承人生前投保保險時有指定受益人，則保險事故發生，保險公司就會將保險金給付給受益人，此部分的金額不屬於遺產的範圍；但是如果被繼承人生前投保保險時沒有指定受益人，或是受益人已經死亡，那麼該保險契約就屬

於沒有受益人的狀況，如果保險事故發生，保險公司所給付之保險金，就會被認定為屬於遺產的範圍。

4. 會同開啟保險箱

若被繼承人生前曾租用保險箱，繼承人應先行聯絡租借單位（例如銀行等），辦妥相關手續並確認開啟之日期後，再通知國稅局，由國稅局派員會同繼承人開啟保險箱並清點、查驗。

四、選擇要不要繼承

鑑於社會上時常有繼承人因為不知道法律規定，所以沒有在法定期間內辦理「限定繼承」或「拋棄繼承」，以致背負繼承債務而影響生計，所以《民法》繼承編修法後，我國原則上是屬於「法定限定繼承」，**縱然繼承人並未聲請，依據法律規定仍為限定繼承**，也就是雖然是概括承受被繼承人之一切權利義務（一身專屬權除外），不過僅以繼承所得的遺產為限，才負有清償債務的責任，如果超過繼承所得財產金額的債務，繼承人是可以主張不用負清償責任的。

但是繼承人也可以選擇「拋棄繼承」，一旦完成拋棄

繼承，則繼承人喪失繼承人的地位，也沒有繼承權可言，法律上更不是繼承人。未滿七歲的繼承人應由法定代理人代為之，一旦繼承人以書面向法院為拋棄繼承的意思表示後，即生拋棄繼承的效力，是無法撤回的。所以是否要拋棄繼承，務必先考慮清楚。

五、申報遺產稅

清查完被繼承人的財產與負債的狀況後，就可以準備向國稅局申報遺產稅了。如果有自然人憑證的話，可以直接從網路下載遺產稅申報軟體，直接在網路上進行申報；如果沒有自然人憑證，也可以在國稅局的網站下載空白的遺產稅申報書，再用紙本進行申報。

如果是新台幣 1,333 萬元（免稅額）以內的申報案件，國稅局很可能會當場核發遺產稅免稅證明書；如果是需要繳納遺產稅，或原本需要繳遺產稅但因為扣除額的申報而免稅者，國稅局通常都會仔細審核後，再決定是否發免稅證明書或繳稅單。如果需要繳稅的話，必須繳完稅後，再持收據向國稅局請領遺產稅完稅證明書。

六、辦理不動產繼承登記及領取存款

遺產稅未繳清前，不得分割遺產、交付遺贈或辦理移轉登記 *。辦理繼承登記時，應先向被繼承人戶籍所在地的國稅局申報遺產稅，繳清稅款後，取得遺產稅繳納（免稅）或同意移轉證明書，並至不動產所在稅捐稽徵機關加蓋無欠繳稅費章戳後，檢附登記申請書、登記清冊、繼承系統表、載有被繼承人死亡記事之戶籍謄本、繼承人現在的戶籍謄本、土地、建物所有權狀、遺產稅繳清（免稅）證明書或同意移轉證明書及其他證明文件，向不動產所在的地政事務所申辦。

一般繼承登記應於繼承開始起 6 個月內為之，逾期申請者可能會被科處罰鍰 †。繼承登記應檢附的文件如下：

1. 土地登記申請書。

2. 登記清冊一份。

3. 繼承系統表一份。

4. 土地、建物所有權狀正本。

---

* 《遺產及贈與稅法》第 8 條第 1 項前段參照。
† 《土地法》第 73 條第 2 項參照。

5. 被繼承人除戶戶籍謄本一份。

6. 全體繼承人現戶戶籍謄本各一份。

7. 遺產稅完稅證明書或免稅證明書或不計入遺產總額證明書正本及影本各一份。

8. 申請人的身分證正本、印章。

9. 如委託代理人代理者，代理人的身分證正本、印章。

10. 辦理「分割繼承」登記者，應另檢附全體繼承人的印鑑證明、遺產分割協議書正本、副本各一份（須完納印花稅）。

11. 繼承人中有「拋棄繼承」者，應另檢附法院准予拋棄繼承備查的文件正本、影本各一份。

12. 辦理「遺囑繼承」登記者，除準備繼承登記所需文件外，應另行檢附遺囑正本。

不動產的繼承登記，大致上有三種型態：

1. 公同共有繼承登記：如果繼承人中有人找不到，或不願意配合辦理繼承登記，那麼其他繼承人可以單獨辦理公同共有繼承登記。但是公同共有的缺點是無法單獨處分自己所分到的不動產，移轉的自由受到相當大

的限制。

2. **分別共有繼承登記**：如果全體繼承人都願意出面配合
辦理繼承登記，最簡單的方式是可以申請按照法定的
應繼分辦理分別共有繼承登記，好處是繼承登記完畢
以後，各繼承人就可以單獨處分自己的應有部分，不
需要其他繼承人的同意就可以處分。

3. **分割繼承登記**：如果繼承人間已經協議好關於不動產
的分割方案（尤其常見於有多筆不動產的狀況），那
麼繼承人可以申請分割繼承登記。

繼承人申請繼承金融機構的存款，原則上應附下列證明
文件（每個金融機構要求可能會有點不太一樣，這邊僅就一
般常見要求介紹）：

1. 被繼承人存摺或存單。
2. 國稅局核發之遺產稅完稅或免稅證明書。
3. 存款人死亡證明書或除戶之個人戶籍謄本。
4. 可確認為全體合法繼承人之原始全戶戶籍謄本。
5. 全體繼承人親持本人身分證、印章。繼承人因故無法
親自辦理可委任他人代辦，但須檢附：委任人出具繼

承申請書、身分證、印鑑證明及委任書（所蓋印鑑與
戶政事務所之印鑑證明相符），及受委任人國民身分
證及印章（為戶政事務所登記之印鑑章）。

6. 填具繼承存款申請書。

第 **5** 章

遺產的繼承範圍

29　保險金是遺產嗎？

遺物中發現保單

　　劉小姐的母親前陣子因病過世，劉小姐在整理母親遺物時，發現母親有幾張保單，保單裡面有留下保險業務員的名片，於是劉小姐就打電話與業務員聯絡，後來經保險公司清查，原來母親名下竟然有十幾張保單，這些以前劉小姐都沒有聽母親說過，但是對於這些保險公司給付的保險金，究竟哪些是屬於遺產的範圍，哪些不是呢？

沒有受益人時，保險金屬於遺產的一部分

　　原則上被繼承人一切財產上的權利，都是繼承的標的，不論全體繼承人有沒有辦法協議分割，或將來必須走到法院

進行裁判分割，辦理遺產繼承時一個最初、最重要的步驟，就是必須先清查被繼承人的所有遺產。

第一步可以先至各地區國稅局申請被繼承人的財產、所得資料，而自民國 110 年 9 月 1 日起，全國也同步實施，國稅局單一窗口回復金融遺產資料及金融遺產查詢一站式服務，遺產稅之納稅義務人可就近至任一國稅局查詢被繼承人金融遺產，不受被繼承人戶籍所在地限制。

國稅局受理後，將申請資料通報金融機構（包括銀行、郵局、電子支付機構、農漁會、信用合作社、投信投顧、證券商、保險公司、期貨交易所、集中保管結算所、金融聯合徵信中心等），由金融機構將查得資料回傳至國稅局，統一由國稅局擔任回復窗口，直接將查詢結果回覆納稅義務人，以利辦理遺產稅申報（見第 4 章「清查及繼承遺產的手續」）。

雖然國稅局的財產與所得清單、金融遺產資料已經能呈現被繼承人大部分的財產狀況，但還是有些財產無法從國稅局的財產與所得清單、金融遺產資料中查知，例如：被繼承人生前留存的黃金、珠寶、古董、名畫、著作權、商標權、專利權、債權、私人保險箱或其他有價值的物品。

是否有受益人？

如果被繼承人生前投保保險時有指定受益人，則保險事故發生，保險公司就會將保險金給付給受益人，此部分的金額不屬於遺產的範圍；但是如果被繼承人生前投保保險時沒有指定受益人，或是受益人已經死亡，那麼當保險事故發生，保險公司給付的保險金，就會被認定為屬於遺產的範圍。

舉例來說，有一對夫妻，先生投保人壽保險，是要保人也是被保險人，受益人指定為太太，但太太幾年後因病去世，在保險契約受益人未更改的情況下，受益人如仍記載為太太的話，等於是沒有受益人，如果未來先生發生保險事故，則該筆保險金就會被視為遺產的一部分。

從遺留文件清查被繼承人的負債

另外要提醒，除了金融機構貸款、信用卡債務等，會顯示在金融遺產資料中，繼承人很難從國稅局的財產與所得清單上得知被繼承人在外的其他債務狀況。

如果房子有房貸或其他抵押權設定，甚至被其他債權人查封的話，繼承人則可以依據不動產登記謄本的內容得知，

至於其他無法查知的債務，恐怕只能看可否由被繼承人生前
所留下來的遺物、遺囑或其他文件中來查知。

30 智慧財產權可以繼承嗎？

案例討論 遺產中的無形資產

李先生是家中的獨子，李先生的父親前陣子剛過世，母親也早在幾年前因病過世。據李先生所知，父親前兩年曾經跟出版公司簽約，由出版公司出資聘請李先生的父親出版過一本書，另外李先生的父親生前也曾經申請過一個商標權，也有向智慧財產局申請過數個專利權。

那麼除了父親生前所留下來的汽車、房子這些有形的資產，究竟李先生還可以繼承到哪些無形資產呢？

法律視角 著作人格權不能讓與，著作財產權才可以

被繼承人過世後，所遺留下來的財產，除了房子、汽車

這些有形的資產，有時候還包含像是著作權、商標權、專利權等智慧財產權，這些無形財產在內。

著作財產權的繼承

著作權是指因著作完成而產生的「著作人格權」及「著作財產權」[*]。著作人格權包括公開發表權[†]、姓名表示權[‡]，以及禁止不當變更權[§]。**著作財產權，除著作權法另有規定，原則上存續於著作人生存期間及死亡後五十年**[¶]。著作財產權類型多元，包括重製權、改作權、公開播送權、公開上映權、公開展示權等。

著作人格權專屬於著作人本身，不得讓與或繼承[**]，**著作財產權則具有可讓與及繼承的特性。**

著作人也就是創作著作的人，於著作完成時，享有著作權。但著作權法中有兩個例外的規定，也就是在僱傭關係或

---

[*] 《著作權法》第 3 條第 1 項第 3 款參照。
[†] 《著作權法》第 15 條第 1 項本文參照。
[‡] 《著作權法》第 16 條第 1 項本文參照。
[§] 《著作權法》第 17 條參照。
[¶] 《著作權法》第 30 條第 1 項參照。
[**] 《著作權法》第 21 條參照。

聘任關係下，例外允許當事人雙方可以約定，以非實際從事創作的人為著作人，進而享有著作權。簡介如下：

如果是受雇於他人，受雇人在職務上完成的著作，原則上以受雇人自己為著作人，但雙方可以約定以雇用人為著作人；**受雇人是著作人的話，原則上該著作的著作財產權歸雇用人享有，但雙方可以約定該著作的著作財產權歸受雇人享有**＊。

如果是出資聘請他人完成的著作，是以出資人或受聘人為著作人，或是要以出資人或受聘人為著作財產權人，依據契約自由原則，雙方可以自由約定。不過，與前文一般僱傭關係不同的是，**如果雙方沒有特別約定，則此時著作人及著作財產權人，都是受聘人所享有**。但就算著作財產權歸受聘人享有，出資人還是可以利用該著作†。

著作財產權雖然可以繼承，但繼承人也須留意，針對該著作（例如書籍出版或歌曲發行等），被繼承人生前是否有與他人簽約，特別約定著作財產權的歸屬。

＊　《著作權法》第 11 條第 1、2 項參照。
†　《著作權法》第 12 條參照。

商標權的繼承

商標權也是一種無形的財產權，可以繼承。如繼承人想確認被繼承人是否遺留已註冊、仍有效的商標權，可至智慧財產局商標檢索系統[*]，輸入被繼承人的姓名查詢。

繼承人如要辦理商標權繼承登記，除申請書，應檢附下列文件向智慧財產局申請：

1. 原商標權人的死亡證明。
2. 原商標權人及所有合法繼承人登載完整之戶籍謄本（由申請人具結全戶謄本）。
3. 商標權歸屬證明文件，若該商標權是由法定繼承人之一繼承取得，其辦理繼承移轉登記時，應檢附其他法定繼承人之同意書。
4. 稽徵機關核發的證明文件。

---

[*]　https://reurl.cc/xQG3lE

專利權的繼承

專利可分為三種：發明專利、新型專利、設計專利[*]。不論是哪一種專利申請權及專利權，都可以繼承[†]。如繼承人想確認被繼承人是否遺留專利權，可至經濟部智慧財產局專利權證查詢作業系統[‡]，輸入被繼承人的姓名查詢。

繼承人如要辦理專利權的繼承登記，除申請書，應檢附下列文件向智慧財產局申請：

1. 死亡證明文件 1 份（影本亦可）。
2. 繼承系統表。
3. 繼承證明文件（例如全戶戶籍謄本、戶口名簿或其他可證明具有繼承權利人的文件）。
4. 稽徵機關核發的稅款繳清證明書、核定免稅證明書、不計入遺產總額證明書或同意移轉證明書的副本。

---

[*] 《專利法》第 2 條參照。
[†] 《專利法》第 6 條第 1 項參照。
[‡] https://reurl.cc/m3LYDY

31 生前給出的錢，要加入遺產總額計算嗎？

 父母贈與、借錢給子女

　　江伯伯與太太共育有二子二女，江太太已於幾年前過世，江伯伯的大兒子因為做生意失敗，所以向江伯伯借了200萬元週轉；二兒子原本跟江伯伯一起住，後來因為要搬出去住，所以江伯伯就給了二兒子200萬元現金，用作買房的頭期款；大女兒要結婚時，江伯伯也贈送了價值200萬元的金飾給大女兒作為嫁妝；小女兒燒得一手好菜，江伯伯也贊助她200萬元創業開餐廳。幾年後江伯伯過世，留下1,000萬元的存款，試問江伯伯的遺產應該如何分配？

法律視角 三種贈與視為提前獲得遺產，須歸扣

債務的扣還

繼承人中，如有人對於被繼承人負有債務，那麼於遺產分割時，應按照所積欠的債務數額，由該繼承人的應繼分內「扣還」[*]，簡單講就是「該還的還是要還」。

繼承人對於被繼承人的債務，屬於被繼承人生前的債權，在其遺產範圍之內，因此，**應將該債權加入被繼承人的遺產範圍中，以計算應繼分**，最後若債務的金額沒有超過應繼分的金額，則該繼承人就分得「應繼分 - 債務」後的金額，若債務金額超過應繼分的金額，則繼承人仍應對其他全體繼承人，清償超過應繼分金額部分的債務。

生前特種贈與的歸扣

繼承人中，如有人在繼承開始前因「結婚」、「分居」或「營業」[†]，已從被繼承人那裡獲贈財產，則**應將該贈與價**

---

[*] 《民法》第 1172 條參照。

[†] 法律規定只基於這三種原因的贈與，不是所有贈與都包含在應該歸扣的範圍。

額（依贈與時的價值計算）加入繼承開始時被繼承人所有財產中，為應繼遺產，而該贈與價額，應於遺產分割時，從該繼承人的應繼分中扣除[*]。

這是《民法》中所謂的「歸扣」規定，與前文介紹的「扣還」，雖然只有一字之差，不過兩者的含意相差甚遠。

除非被繼承人在贈與時表示，將來如果被繼承人死亡，這筆財產的贈與不應該或不需要由那名受贈繼承人的應繼分扣除，否則一般狀況下，如果被繼承人在贈與時沒有任何表示，就必須要依照《民法》中有關歸扣的規定處理[†]。

繼承人在繼承開始前，因「結婚」、「分居」或「營業」從被繼承人那裡獲贈財產，就是「生前特種贈與」，在法律上被視為「應繼分的前付」，也就是被繼承人生前將日後該繼承人最終應繼承的財產，預先撥給該繼承人而已，所以將來被繼承人死亡須進行遺產分割時，會由該繼承人之應繼分中直接扣除。

歸扣的具體運作方式如下：

---

[*] 《民法》第 1173 條第 1 項參照。

[†] 《民法》第 1173 條第 1 項但書參照。

先算定被繼承人於死亡時，所有財產的價額

將各繼承人從被繼承人所受的特種贈與價額，
加入財產總額內

依照法律計算各繼承人應繼分的價額

應繼分的價額－特種贈與的價額
＝該繼承人具體應得之數額

如果贈與價額相等或超過應繼分的價額，則該繼承人不再受分配，但依照我國法院實務見解，認為也**不能要求該繼承人必須返還超過應繼分部分的價額**。

江伯伯過世後留下 1,000 萬元的存款，但大兒子因為在江伯伯生前曾經向他借款 200 萬元，所以應將該 200 萬元的債權加入被繼承人的遺產範圍中，以計算應繼分。

另外江伯伯生前分別有因「分居」、「結婚」及「營業」

各贈與二兒子、大女兒及小女兒各 200 萬元，依法必須將共
600 萬元的價額，加入江伯伯的財產總額。

　　總計 1,800 萬元（1,000 萬 +200 萬 +200 萬 +200 萬 +200
萬 =1,800 萬）的價額計算四個子女的應繼分，則每個人的應
繼分為 450 萬元（1,800 萬 ÷4=450 萬）。

　　大兒子因為在江伯伯生前曾經向江伯伯借了 200 萬元，
所以大兒子只能再拿 250 萬元（450 萬 -200 萬 =250 萬）。

　　二兒子、大女兒及二女兒分別因「分居」、「結婚」及
「營業」，各受江伯伯贈與 200 萬元，所以二兒子、大女兒
及二女兒也分別只能再拿 250 萬元（450 萬 -200 萬 =250 萬）。

32 夫妻間的財產怎麼計算與繼承？

案例討論 為防高額遺產稅，資產要先移轉嗎？

金先生與金太太結婚後，金先生勤奮打拚，在事業上獲得很高的成就，收入與資產也不斷增加，尤其名下擁有的股票，更飆漲到歷史新高。

金爸爸當初在金先生取得博士學位時，非常高興，所以贈送了 1,000 萬元給金先生；金爸爸十年前過世時，金先生也從金爸爸的遺產中獲得約 2,000 萬元。所以金先生除了從金爸爸那邊共獲得的 3,000 萬元，再加上自己擁有的不動產、股票、存款，總計共擁有 1 億元的資產。

然而，金先生在前兩年因為積勞成疾，身體開始出現狀況，經醫生診斷，發現罹患了胰臟癌，壽命可能剩下不到一年。面對這個晴天霹靂的噩耗，金先生開始思考如何處理、規劃名下的財產，以免將來被課徵龐大的遺產稅。

　　太太名下雖然有一千萬左右的存款，不過家裡大部分資產都在金先生的身上，兩人都沒有負債，也未育有子女，金爸爸跟金媽媽都已經過世，親人只剩下一個姐姐跟一個妹妹。金先生是否應該要先將自己名下的資產移轉給金太太，以免將來過世時自己名下財產太多，導致繼承人被課徵高額的遺產稅？這是最好的做法嗎？

法律 視角 剩餘財產的計算範圍為「婚後財產」

　　首先，先來了解「夫妻剩餘財產差額分配請求權」是什麼？在台灣，除非夫妻雙方有另外約定採用「共同財產制」或「分別財產制」，否則一般多數的夫妻都是適用「法定財產制」（見圖表 5-1）。

　　適用「法定財產制」的夫妻，雖然結婚後各自的財產是獨立的，但依據法律規定，如果夫妻「離婚」或夫妻「一方死亡」，法定財產制因此消滅時，就會有計算夫妻剩餘財產差額及分配的問題。

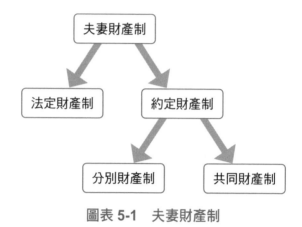

圖表 5-1　夫妻財產制

夫妻剩餘財產差額如何計算？

　　夫或妻各自取得現存的婚後財產，扣除婚姻關係存續中所負債務，及因繼承或其他無償取得的財產後，計算出夫妻「各自的剩餘財產」，再比較兩人剩餘財產的多寡，算定「差額」。剩餘財產較少的一方可以向剩餘財產較多的他方，請求分配「雙方差額的一半」[*]。

　　計算範圍僅以「婚後的財產」為限，至於婚前的財產則不在計算範圍內，因為婚前的財產是夫妻各自努力的結果，

---

[*]　《民法》第 1030 條之 1 第 1 項參照。

與他方無關，立法者的想法是，婚後的財產增加才會與另一半對婚姻、家庭的貢獻有關。另外，**如果是繼承而來、受他人贈與或他人給付的精神賠償（慰撫金），也不包含在計算的範圍，因為這些財產並非婚後努力取得，與另一方也沒有**關係。

夫妻剩餘財產差額，計算式如下：

● 計算夫妻各自的「婚後剩餘財產」

1. **夫的婚後剩餘財產 =**

婚後財產 - 婚後負債 - 繼承取得的財產 - 無償取得的財產 - 慰撫金

2. **妻的婚後剩餘財產 =**

婚後財產 - 婚後負債 - 因繼承取得之財產 - 無償取得之財產 - 慰撫金

● 「差額」的計算與分配

1.「較多者」-「較少者」= 婚後剩餘財產差額
2.「較少者」得向「較多者」請求分配：「差額的『一半』」

不影響財產原本的所有權

剩餘財產較少的一方，僅得請求分配剩餘財產的「差額」，但對於財產原本所有權的歸屬，沒有影響。舉例來說，先生婚後用收入買了一棟房屋，也結清了貸款，而太太婚後沒有任何資產，假設雙方沒有其他資產及負債，只有這棟房子，那麼如果雙方要離婚，太太就算要跟先生要求分配夫妻剩餘財產的差額，也只能要求這棟房子「離婚時市價的一半」，而非這棟房子「所有權的一半」！

多久不請求，請求權會失效？

夫妻剩餘財產差額分配請求權，從請求權人「知道有剩餘財產差額時」起，2 年間不行使而消滅，自「法定財產制關係消滅時」起超過 5 年，也會有超過請求權時效的問題[*]。一旦超過時效，恐怕想再主張也沒有辦法了！

假如夫妻間的財產相當龐雜，往往光是計算財產價值就曠廢時日，例如台塑集團創辦人王永慶過世時，名下所遺留

---

[*] 《民法》第 1030 條之 1 第 5 項參照。

的財產可謂相當複雜，光是計算全部財產價值，恐怕很難計算出精確的數字，所以實務上，法院在解釋「知道有剩餘財產差額時」，多認為是指「可得計算其差額之時」，而非指「確知差額數額之時」，也就是你知道雙方財產會有差額就可以起算時效了，而不是精確計算、明確知道雙方財產差額時，才開始起算。

另外，有關遺產稅申報的問題，**依據現行的法律規定，生存配偶不需要檢附法院判決書或全體繼承人同意書，就可以自行向國稅局主張要扣除夫妻剩餘財產分配的差額。**

假設生存的配偶已經向國稅局提出遺產稅申報書，也已明確於「扣除額」項中表示剩餘財產差額分配請求權之扣除金額，則生存的配偶顯然已經知道且曾計算雙方剩餘財產的差額，因此假如生存配偶已經申報剩餘財產差額分配請求權的扣除額，但卻未在 2 年內對其他繼承人行使這項權利，那麼這個請求權就會超過時效了！

金先生如何規劃遺產最節稅？

1. 生前先將一半資產贈與太太

剩餘財產差額分配請求金額試算：

	金先生	金太太
原本婚後剩餘財產	1 億 -1,000 萬（贈與取得）-2,000 萬（繼承取得）= 7,000 萬	1,000 萬
贈與太太	（-5,000 萬）	5,000 萬
贈與後，婚後剩餘財產	1 億 -1,000 萬（贈與取得）-2,000 萬（繼承取得）-5,000 萬（贈與太太）= 2,000 萬	1,000 萬（受贈的 5,000 萬 不計入婚後剩餘財產）
剩餘財產差額分配請求	（2,000 萬 -1,000 萬）÷2 = 500 萬	

遺產稅稅額試算：

課稅遺產總額	1 億 -5,000 萬（贈與太太）= 5,000 萬
死亡前 2 年贈與	5,000 萬
免稅額	（-1,333 萬）
配偶扣除額	（-493 萬）
喪葬費扣除額	（-123 萬）
剩餘財產差額分配請求金額	（-500 萬）
課稅遺產淨額	7,551 萬
遺產稅額	課徵 500 萬元 + 超過 5,000 萬元部分之 15% = 882.65 萬元

關於詳細遺產稅的計算方式和範圍，可以參考第 7 章「遺產稅的計算」。

2. 生前不將任何資產贈與太太

剩餘財產差額分配請求金額試算：

	金先生	金太太
原本婚後剩餘財產	1 億 -1,000 萬（贈與取得）-2,000 萬（繼承取得）= 7,000 萬	1,000 萬
剩餘財產差額分配請求	（7,000 萬 -1,000 萬）÷2 = 3,000 萬	

遺產稅稅額試算：

課稅遺產總額	1 億
免稅額	（-1,333 萬）
配偶扣除額	（-493 萬）
喪葬費扣除額	（-123 萬）
剩餘財產差額分配請求金額	（-3,000 萬）
課稅遺產淨額	5,051 萬
遺產稅額	課徵 500 萬元 + 超過 5,000 萬元部分之 15% = 507.65 萬

　　雖然夫妻間的贈與依法是不課贈與稅[*]，但如果被繼承人死亡前二年內贈與配偶財產，依法應於被繼承人死亡時，視為被繼承人之遺產，併入其遺產總額[†]，課徵遺產稅。

　　如果金先生不在過世前兩年贈與給金太太，反而可以讓金太太在將來主張較多的「配偶剩餘財產差額分配請求的扣除額」，因為金太太依《民法》規定主張配偶剩餘財產差額分配請求權的話[‡]，可以向國稅局申報自遺產總額中扣除，這一來一往的差距就相當大了。

　　前文案例中，金先生如果生前先將資產贈與一半給太太，那麼最後計算所得的遺產稅額是 882.65 萬元；但是如果金先生生前不將任何資產贈與給太太，反而最後計算所得的遺產稅額是 507.65 萬元，兩者相差了高達 375 萬元，所以在規劃遺產時要特別注意，以免不小心弄巧成拙！

---

[*]　《遺產及贈與稅法》第 20 條第 1 項第 6 款參照。

[†]　《遺產及贈與稅法》第 15 條第 1 項參照。

[‡]　《民法》第 1030 條之 1 參照。

金太太能獲得多少遺產？

先主張剩餘財產差額分配

	金先生	金太太
原本婚後剩餘財產	1 億 -1,000 萬（贈與取得）-2,000 萬（繼承取得）＝ 7,000 萬	1,000 萬
剩餘財產差額分配請求	（7,000 萬 -1,000 萬）÷2 ＝ 3,000 萬	

再以配偶身分繼承應繼分

	金太太	金姐姐	金妹妹
應繼分	二分之一	四分之一	四分之一
金額	（1 億 -3,000 萬）÷2=3,500 萬	（1 億 -3,000 萬）÷4=1,750 萬	（1 億 -3,000 萬）÷4=1,750 萬

金太太透過主張剩餘財產差額分配取得 3,000 萬元，再以配偶身分獲得應繼分 3,500 萬元，因此總共可以獲得 6,500 萬元遺產。

33 遺產分配能排除其他繼承人嗎？

案例討論 集團創辦人的遺產分配

　　長榮集團已故創辦人張榮發，於生前曾經製作一份密封遺囑，表示要由二房獨子，也就是現在星宇航空的總裁張國煒獨得所有遺產，大房三子對於該份遺囑，向台北地方法院提出確認遺囑無效的訴訟。

　　最後台北地方法院民事一審判決，認定該份密封遺囑有效，雖然目前該案仍在二審審理當中，尚未判決確定，但是如果將來判決確定，確認該份遺囑有效，那究竟張榮發所遺留下來的遺產，要如何分配？

繼承人都會有法律保障的特留分

既然談到遺產要如何分配的問題，就不得不先說明有關「應繼分」與「特留分」的重要概念。

應繼分

「應繼分」是指，繼承人對於被繼承人財產上一切權利、義務可以繼承的比例。除非被繼承人有透過遺囑指定要給繼承人多少應繼分，也就是「指定應繼分」，否則一般是適用法律規定的「法定應繼分」。法定應繼分的比例見圖表 5-2[*]。

	繼承人	應繼分
1	配偶與直系血親卑親屬	平均繼承
2	配偶與父母	配偶：二分之一 父母：二分之一
3	配偶與兄弟姊妹	配偶：二分之一 兄弟姊妹：二分之一
4	配偶與祖父母	配偶：三分之二 祖父母：三分之一
5	配偶單獨繼承	全部

圖表 5-2　法定應繼分的比例

---

[*] 《民法》第 1144 條參照。

特留分

　　「特留分」是指法律保障繼承人「最低可以獲得的遺產比例」[*]，除非繼承人喪失繼承權[†]，否則就算被繼承人有寫遺囑要將遺產給特定的繼承人、贈送給繼承人以外的人，或另行指定應繼分，只要有侵害到繼承人的「特留分」，侵害的部分不會產生效力。應獲得特留分的繼承人，可以行使「扣減權」，按其不足的數額向侵害特留分的人，要求由他們多拿到的遺產中扣減回來[‡]。

　　法律規定的特留分比例，可見圖表 5-3。

	繼承人	特留分
1	配偶	應繼分的二分之一
2	直系血親卑親屬	應繼分的二分之一
3	父母	應繼分的二分之一
4	兄弟姊妹	應繼分的三分之一
5	祖父母	應繼分的三分之一

圖表 5-3　法定特留分的比例

[*]　《民法》第 1223 條參照。
[†]　《民法》第 1145 條參照。
[‡]　《民法》第 1225 條參照。

雖然立遺囑時，被繼承人分配遺產的內容有侵害到部分繼承人的特留分，但並不是整份遺囑都因此無效，而是只有侵害到特留分的部分無效而已。特留分受到侵害的繼承人可以另外透過法律途徑主張自己的權利（扣減權），請求返還特留分。

實務上，如果拿遺囑去地政機關辦理繼承登記，地政機關不會特別審查遺囑的內容，是否有侵害到部分繼承人的特留分，僅會依照遺囑內容進行繼承登記，所以特留分受到侵害的繼承人，只能自己另外透過法律途徑要求返還特留分。

長榮集團已故創辦人張榮發總共有五個子女及配偶，所以繼承人一共有六位，依據法律規定，配偶與五個子女共同繼承的話，每人的應繼分是六分之一，特留分是應繼分的一半，也就是十二分之一。

雖然張榮發在遺囑中表示，要由二房獨子張國煒獨得所有遺產，但這樣的內容已經侵害到其他繼承人的「特留分」，所以侵害的部分不會產生效力，其他繼承人可以行使「扣減權」，向張國煒主張由他多拿到的遺產中扣減回來。因此將來就算張榮發的遺囑最後被法院認定為有效，長榮集團的繼承人間應該還會有行使特留分扣減權的相關問題。

34 借名登記的財產

 自己的房子登記在弟弟名下

　　羅醫師家住台南，從小家境貧苦，但天資聰穎、奮發向學，大學考上台大醫學系後，即北上讀書，畢業後就在新北市定居並開業。努力工作十多年後，終於有能力買下新北市永和區一棟大樓的 1 ～ 3 樓，羅醫師將 1 樓作為診所使用、3 樓自住，2 樓則給父母親及弟弟居住，但房屋僅 1、3 樓登記在羅醫師名下，2 樓則借名登記在弟弟名下。

　　羅醫師診所業務蒸蒸日上，無奈羅醫師卻因為多年積勞成疾，五十多歲就因病過世，留下太太跟兩個孩子，而羅醫師登記在弟弟名下的 2 樓房子，如果羅醫師的弟弟不願意主動歸還，那羅太太跟兩個孩子究竟該如何處理呢？

法律 借名登記最好要有雙方約定書
視角

在台灣，經常為了節稅、分散風險，或取得資格上的限制、避免債權人強制執行等原因，而將自己的資產借用別人的名義登記，但是約定自己仍然保有管理、使用、收益、處分的權利，這在法律上稱為「借名登記」。

只要約定的內容不違反強制、禁止的規定或公共秩序、善良風俗，**在法律上是承認這樣的約定是有效的**，因為借名登記性質上近似《民法》中的委任契約，所以類推適用《民法》關於委任契約的相關規定，**實質所有權人可以終止借名登記關係，並請求返還該資產。**

但將自己的資產登記在別人的名下，一旦自己過世，借名登記的財產於生前還沒來得及要回來，究竟該如何處理？

如果出借名義登記的人願意主動歸還，那當然不會有太大的問題，但是如果出借名義登記的人不願意主動歸還，繼承人就必須上法院舉證被繼承人與出借名義的人，雙方確實有「借名登記」法律關係存在，通常如果有雙方約定的文書證據（例如雙方的約定書、契約書）當然是最好，如果沒有的話，可能就要再提出可以證明雙方確有借名登記關係的人證、出資證明、金流證明、所有權狀正本、繳納稅捐、水電

費、管理費的單據等證據，再由法院進行裁判。

最後法院如果判決雙方確實有借名登記關係存在，且借名登記關係也已經終止，那麼出借名義登記的人就有義務要返還所有權移轉登記給全體繼承人，繼承人在拿到法院的判決書跟確定證明書後，就可以至地政機關申請，辦理所有權移轉登記給全體繼承人公同共有，該資產也會被計入遺產的範圍，而國稅局也會將該資產計入遺產稅課徵的範圍，依法課徵遺產稅。

在前文的案例中，如果羅醫師的弟弟不願意主動歸還房子，那麼羅醫師的太太與兩個孩子必須對羅醫師的弟弟提起訴訟，並舉證羅醫師與弟弟雙方確實有「借名登記」的法律關係存在，通常如果有雙方約定的文書證據，那當然是最好，但如果沒有，可能就要再提出其他證據，由法院進行裁判，確認雙方是否有借名登記關係存在，以及羅醫師的弟弟是否有返還的義務。

35　遺產遭盜領、侵占如何處理？

案例
討論 **父親過世後，存款被哥哥領出**

　　洪小姐從小就是父親的掌上明珠，家中雖然還有兩個哥哥，但洪小姐書念得最好，天資聰穎，一路從北一女、台大財金系到美國哈佛大學財經碩士畢業，最後也在美國紐約的華爾街從事金融工作。不幸地是，父親在洪小姐剛於美國開始工作沒多久，就因車禍身亡，洪小姐悲痛萬分，特地從美國回來處理父親的喪事跟遺產問題。

　　但是在調取國稅局的財產、所得清單、金融遺產資料，以及比對父親銀行存款的明細後，發現有人於父親過世後，還從父親的銀行帳戶提領了上千萬元，幾乎將存款提領一空，經詢問兩個哥哥後，兩個哥哥雖承認有去提領存款，但是卻反過來批評洪小姐自小獲得父親疼愛及經濟支援，到美國念書花了好幾百萬，所以這些提領出的錢應該由他們

平分，拒絕分配給洪小姐。此時洪小姐該如何主張自己的
權利？

法律 視角 擅自領取被繼承人存款，將吃上官司

實務上經常發生被繼承人死亡後，部分繼承人盜領被
繼承人留在銀行的存款，或將被繼承人留下來的遺產逕行變
賣，這時候其他繼承人除了可以透過民事訴訟請求返還，這
些盜領或侵占遺產的繼承人，可能也會觸犯刑事責任。以下
就被繼承人死亡後，未經其他全體繼承人同意，常見的盜領
和侵占案例，並分析其中可能涉及的民、刑事法律責任。

盜領和侵占遺產的民、刑事責任

1. 至銀行臨櫃填載取款憑條，盜領被繼承人存款

刑事責任可能涉及偽造私文書、行使偽造私文書罪、詐
欺取財罪。被繼承人過世後，其名下財產均為遺產，於遺產
分割前屬全體繼承人公同共有，未經全體繼承人的同意，不
得擅自提領、處分。

　　銀行存款戶亡故後，繼承人如果想要提領被繼承人的存款，應由申請人提示存款證明、存款人死亡證明書、戶籍謄本、遺產稅繳清證明書、可確認為合法繼承人的證明，以及繼承存款申請書、繼承系統表、繼承人印鑑證明。若繼承人有一人以上，而委任一人代表領款，除上述文件，應另提出全體繼承人簽章的委託書或拋棄繼承權聲明書，遵從銀行存款繼承作業處理的標準程序。

　　如果繼承人中，有人擅自持被繼承人的銀行存款帳戶存摺及印鑑至銀行填載取款憑條，並在存戶簽章欄中，**盜蓋被繼承人的印章或偽造被繼承人的簽名**，偽造「經被繼承人同意或授權提領」的取款憑條，並拿去給不知情的銀行行員，導致銀行行員誤認被繼承人尚生存，且已徵得被繼承人同意或取得授權，於是同意提領款項，這將損害全體繼承人及銀行對存款帳戶管理的正確性，也會構成《刑法》中的「詐欺取財罪」、「偽造私文書、行使偽造私文書罪」[*]。

　　實務上，大部分法院認為，繼承人之一所提領的款項是否悉數用作支付被繼承人醫藥費、喪葬費的用途，與他的行為是否構成偽造文書、詐欺取財等罪，沒有影響。不過也有

---

[*] 《刑法》第 339 條第 1 項、第 210 條及第 216 條參照。

一些法院的看法認為，如果提領的款項金額不高，且全數確實用於被繼承人的喪葬費用，則認為提領使用者沒有不法所有的意圖，所以不構成犯罪。

民事責任可能涉及侵權行為損害賠償責任、不當得利返還責任。被繼承人死亡後，所遺留的財產是屬於全體繼承人公同共有，非得全體繼承人同意，任何單獨或部分繼承人都不可以自行處分，即使繼承人中的任何一位繼承人，曾經受被繼承人授權使用其帳戶、印章，但是該代理權也會因被繼承人死亡而消滅，也就不可以再於被繼承人死亡後，以被繼承人的名義提領或處分存款，否則將侵害其他繼承人對該遺產的權利，會有《民法》上的「侵權行為損害賠償」責任。

此外，因為盜領者取得該存款無法律上的原因，且受有利益，並致其他繼承人受有損害，盜領者也會有「不當得利返還」的責任。

2. 至銀行提款機，盜領被繼承人的存款

刑事責任可能涉及以不正方法由自動付款設備取物罪。繼承人中如果有人於被繼承人死亡後，擅自持被繼承人的提款卡，輸入被繼承人生前所設定的提款卡密碼，提領被繼承人銀行帳戶內的存款，此行為會構成《刑法》以不正方法由

自動付款設備取物罪[*]。

民事責任可能涉及侵權行為損害賠償責任、不當得利返還責任。被繼承人死亡後，所遺留財產是屬於全體繼承人公同共有，就不可以再以被繼承人的名義提領或處分存款，否則會侵害其他繼承人對該遺產的權利，有「侵權行為損害賠償」的責任。

此外，因為盜領者取得該存款為無法律上的原因，而受有利益，並致其他繼承人受有損害，盜領者也會有「不當得利返還」的責任。

3. 偽造被繼承人的遺囑並移轉遺產

刑事責任可能涉及偽造私文書、行使偽造私文書罪、使公務員登載不實罪。如果有人偽造被繼承人的遺囑，然後再持偽造的遺囑及相關資料，前往地政事務所申請，將被繼承人名下的不動產移轉登記於自己或他人名下，使不知情的承辦地政事務所人員，將不實事項登載於職務上所掌管的公文書，足以生損害於其他繼承人及地政機關對於不動產登記管理的正確性，則會構成《刑法》「偽造私文書、行使偽造私

---

[*] 《刑法》第 339 條之 2 第 1 項參照。

文書」及「使公務員登載不實」的罪責[*]。

民事責任可能涉及塗銷遺囑繼承登記、喪失繼承權。其他繼承人可以向法院提起「塗銷遺囑繼承登記」的訴訟，使該不動產回復登記於被繼承人名下，改登記為其他全體繼承人公同共有。依據《民法》規定[†]，偽造被繼承人關於繼承遺囑的繼承人，也會因此喪失繼承權。

4. 繼承人將原本屬於被繼承人的遺產據為己有

刑事責任可能涉及侵占罪。被繼承人過世後，被繼承人的遺產由繼承人共同繼承，於分割遺產前，各繼承人對於遺產全部為公同共有，並非任何一個繼承人個人單獨所有，即使繼承人中的部分繼承人，因與其他全體繼承人協議，而取得某些遺產（例如：珠寶、頂樓加蓋的房屋）的使用權限，但是因為所有權是屬於全體繼承人公同共有，任何繼承人皆不能自行隨意變賣給他人，謀求不法利益，否則其行為將構成《刑法》中的「侵占罪」[‡]。

民事責任可能涉及侵權行為損害賠償責任、不當得利返

---

[*] 《刑法》第 210 條、第 216 條及第 214 條參照。

[†] 《民法》第 1145 條第 1 項第 4 款參照。

[‡] 《刑法》第 335 條第 1 項參照。

還責任。被繼承人死亡後，他所遺留財產會變成由全體繼承人公同共有，任何繼承人不得單獨隨意處分遺產，否則會構成侵害其他繼承人對該等遺產的權利，會有《民法》上的「侵權行為損害賠償」的責任。此外，因為侵占者取得該等價款無法律上原因且受有利益，並導致其他繼承人受到損害，因此侵占者也會有「不當得利返還」的責任。

第 **6** 章

如何分割遺產？

36 遺產的三種分割方法

案例討論 繼承人間的分配協議算數嗎？

白先生的父親半年前過世，母親還健在，另外還有四個兄弟姊妹，父親沒有留下任何遺囑，父親過世後沒多久，曾經召開家庭會議，包含母親在內的五個繼承人都在一起開會，四個子女原本也都同意，父親留下的一棟房子和 1,000 萬元的現金，都由母親一個人單獨繼承，會議當天，大家還有把這個決定，寫在一張協議書上，且由五個人簽名確認。

但後來小妹卻反悔，認為現金應該多少先分配一些給她，否則她不願意配合辦理不動產過戶手續，也不願意配合去銀行提領存款給母親。此時白先生跟其他繼承人究竟要如何做，才能讓母親得到父親的遺產，安養天年呢？

遺產分割前為公同共有

如果繼承人只有一個，那就沒有遺產分割的問題，因為全部的遺產當然由繼承人單獨繼承，不過如果繼承人有兩個以上的話，遺產究竟該如何分割？

依據法律規定，**繼承人有數人時，在分割遺產前，遺產是各繼承人「公同共有」**[*]，如同大家綁在一起，無法分開，各繼承人的權利及於全部的遺產，各遺產除非得到全體繼承人的同意，否則原則上不能隨意處分[†]。

遺產分割有哪些方式？

遺產分割方式有三種：遺囑指定分割、協議分割和裁判分割。做成和執行的流程可見圖表 6-1。

遺囑指定分割
在被繼承人過世後，確認被繼承人有無留下遺囑，這是

---

[*] 《民法》第 1151 條參照。
[†] 《民法》第 828 條第 3 項參照。

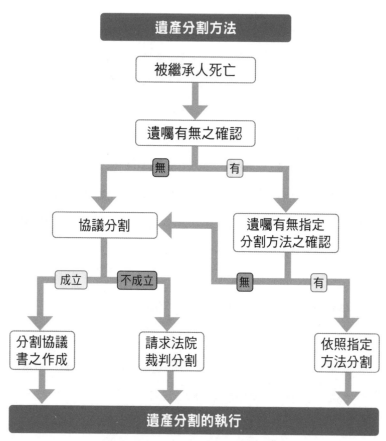

圖表 6-1　遺產分割的三種方式

很重要的一件事，**如果被繼承人有留遺囑，而且定有分割遺產的方法**，或託他人代定分割遺產的方式，基於尊重被繼承人的意思，法律規定就必須依循被繼承人所立遺囑內容或被繼承人委託之人所定的分割方法進行分割[*]。

協議分割

假設沒有遺囑或遺囑中沒有指定分割方法，也沒有託他人代定分割方式，就必須由全體繼承人先自行「協議分割」，如果無法自行協議分割遺產，才可以另行請求法院「裁判分割」遺產。

法律沒有要求協議一定要作成書面，但最好還是有書面協議較為妥當。如果就遺產分割的方式，繼承人間已經達成協議，就算沒有作成遺產分割協議書，也不能說這個協議不成立，只不過為了避免爭議，通常還是會建議當事人，最好還是作成一份遺產分割協議書，將協議內容寫下來，並讓全體繼承人簽名或蓋章，以免將來產生爭議。

需要全體繼承人都參與協議的訂立，缺一不可。遺產分割協議須經「全體繼承人」參與協議訂立，協議分割遺產

---

[*] 《民法》第 1165 條第 1 項參照。

才會有效，如果協議欠缺部分繼承人的同意，就會無效，不生協議分割遺產的效力。遺產協議分割為共同繼承人間的契約，所以須由全體繼承人參與，排除部分繼承人的協議則是無效的。

協議成立後如果有人反悔或拖延拒不履行，可以向法院訴請履行。遺產分割協議成立後，繼承人就取得「履行協議請求權」，如有繼承人事後反悔或拖延，拒絕遵照已經成立的遺產分割協議履行，則其他繼承人可向法院訴請拒不履行分割協議的繼承人，必須履行該遺產分割協議。

裁判分割

由於協議分割遺產的方法，必須全體繼承人都同意才行，無法適用多數決強行表決通過，所以實務上經常會遇到只要「繼承人中有一人不願意配合協議分割」，或「根本就找不到人」，就只能上法院請求法官為「裁判分割」。

遺產相關問題，有時候最難處理的不是財產本身，而是繼承人間或繼承人與被繼承人間，累積的不滿與恩怨情仇。

遺產分割原本可以以協議的方式完成，但只要繼承人中有一人不出面、找不到人，或心生不滿而錙銖必較、不願與大家達成協議，就會演變成錯綜複雜的訴訟官司，這在法律

實務上，並不少見。

　　繼承人原則上隨時都可以請求分割遺產[*]，除非被繼承人留有遺囑，且遺囑中禁止遺產分割，但就算被繼承人禁止分割，**禁止的效力最長也只有十年**，並非永久不能分割[†]。

　　遺產分割完畢後，繼承人對於各自分配到的部分，就能不需要經過其他繼承人同意，自行處分分到的遺產。

　　前文案例中的白小妹雖然後來反悔，拒絕配合辦理不動產過戶手續，也不願一起前往銀行提領存款交給母親，但因為遺產分割協議成立後，繼承人就取得「履行協議請求權」，如果白小妹事後反悔或拖延，不照已經成立的遺產分割協議履行，則白先生和其他繼承人可向法院訴請白小妹必須履行該遺產分割協議。

　　最後如果經過法院判決確定後，白先生和其他繼承人就可以自行拿判決書至地政機關及銀行，辦理移轉登記及請求交付存款給白媽媽，不需要再受白小妹的掣肘。

---

[*]　《民法》第 1164 條參照。
[†]　《民法》第 1165 條第 2 項參照。

37 法院裁判分割的方式

案例討論 對遺產分割沒有共識怎麼辦？

　　黑小姐是富二代，父親很久以前就跟母親離婚，沒有再婚，一人身兼母職，卻也認真開創事業，賺進大筆財富。但黑小姐的父親於上個月過世，留下的遺產除了數十筆不動產，還有數輛汽車，另外也有公司的股份、其他上市上櫃公司的股票、銀行存款、基金等諸多財產，總價值高達新台幣數十億元。

　　父親過世時沒有留下任何遺囑，黑小姐還有兩個哥哥，但是大哥對於遺產的分配非常強勢，認為必須將大部分的不動產跟公司股份全部分給他，其他的再由弟弟、妹妹去分，因此三個人一直對遺產如何分割僵持不下。這種狀況下，針對遺產分割，黑小姐可以如何處理？

不動產分割前須先辦理繼承登記

繼承人原則上隨時都可以請求分割遺產，除非被繼承人留有遺囑且遺囑中禁止遺產分割，但就算被繼承人禁止分割遺產，禁止的效力最長也只有 10 年。

如果繼承人間無法達成協議分割的共識，或是**曾經達成協議分割的共識，但因為超過 15 年沒有請求履行協議，而且其中部分繼承人拒絕履行協議**，可以請求法院裁判分割。

如果遺產中有不動產需要裁判分割，依據法律規定，任何一位繼承人都可以為全體繼承人聲請「繼承登記」，先為公同共有，之後才能繼續訴請法院為裁判分割。如果不動產還沒有辦理繼承登記的話，實務上法院認為，除非全體繼承人都同意，否則不能直接請求法院裁判分割，這點務必注意！

法院裁判分割的方法

法院裁判分割遺產的方法，原則上沒有一定的限制，雖然有一些比較常見的分割方式，例如「原物分割」、「變價分割」、「一部原物分割＋一部變價分割」等，但其實法院

可以自行運用及決定分割方式[*]。

向法院提起分割遺產的請求時，必須由同意分割的繼承人一同起訴，並以反對分割的其他繼承人為共同被告，才算合法的起訴，**法院在判決前，會開庭聽取所有繼承人的意見，但法院就分割方法的決定，有自由裁量的權力，不受繼承人主張分割方法的拘束。**

法院會自己斟酌公平原則、各繼承人的利害關係、遺產的性質及價格、利用價值、經濟效用、使用現狀及各繼承人的意願等相關因素，綜合考量後，再決定如何分割才是最好、最公平的分割方式。以下是常見的分割方式：

原物分割

分割方法以「原物分割」為原則[†]，但是這個財產的價值必須不會因為分割而減損才行。例如：假設遺產中有一顆價值不斐的鑽石，但因為鑽石如果以原物切割再分配給繼承人的話，價值上可能會因此減損，所以這時就不應該選擇以原物分割的方法進行分割。

---

* 《民法》第 824 條參照。
† 《民法》第 824 條第 2 項第 1 款參照。

變價分割

不能原物分割或原物分割顯然有困難時，才可以「變價分割」。變價分割是指，將這個遺產賣掉，然後把取得的價金按照應繼分的比例分給各繼承人。例如：被繼承人只有留下一棟房子，但繼承人卻有三、四位，房子如果沒辦法切割成三、四個獨立產權或三、四個獨立房屋的話，這時候法院應該就會選擇變價分割的方式[*]。

原物分割 + 金錢補償

採取原物分割分配時，如繼承人中有未受分配或不能按其應繼分受分配時，可以用金錢補償[†]。例如分割一塊土地時，假設有繼承人在土地上蓋一棟房子，那麼法院可能會將房子座落的土地，分給在上面蓋房子的繼承人，另外再命取得土地的繼承人，以金錢補償其他沒有取得土地的繼承人。

一部原物分割 + 一部變價分割

以原物的一部分分配給各繼承人，其他部分則是變賣

---

[*]　《民法》第 824 條第 2 項第 2 款前段參照。
[†]　《民法》第 824 條第 3 項參照。

後，再將價金分配給各繼承人。例如：被繼承人的遺產有不動產和銀行存款，這時候法院可以就銀行存款的部分為原物分割，至於不動產的部分，可以判決用變價分割的方式進行分割[*]。

一部原物分割＋一部金錢補償＋一部變價分割

遺產內容比較複雜時，可能就會有這種複合式的分割方法，這就是要視遺產的內容與各種狀況搭配處理了。其他可能會有以上五種以外的分割方式，不過比較少見。

請求法院判決分割遺產，雖然是以被繼承人全部遺產為分割對象，然而如果在法院判決後，又再發現有其他之前沒有列入分割的遺產，也可以再另行訴請裁判分割。例如，分割完才發現被繼承人在銀行有保險箱，而且裡面有珠寶、黃金，如果繼承人間還是無法達成分割協議，就可以再另行訴請裁判分割。

碰到像前文案例的狀況時，如果繼承人間無法達成協議分割的共識，可以請求法院做裁判分割，解決遺產無法協議

---

* 《民法》第 824 條第 2 項第 2 款後段參照。

分割的僵局。

繼承人當然都可以在法院中，表達自己對遺產該如何分割的意見，但最後還是由法院自己斟酌公平原則、各繼承人的利害關係、遺產的性質及價格、利用價值、經濟效用、經濟原則及使用現狀、各繼承人的意願等因素，由法院自己決定如何分割才是最好、最公平的方式，法院也不受繼承人意見的絕對拘束。

第 7 章

繼承與被繼承都安心的
超前部署

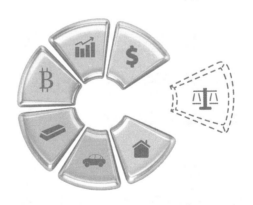

38　讓資產有效傳承、延續

就算資產不多，也該事先規劃

　　許多人總以為自己年紀還輕、身體還硬朗，所以覺得有關資產延續、遺產繼承等規劃，都離自己還非常遙遠，但天有不測風雲，人有旦夕禍福，媒體或新聞報導中，也常見到許多富豪、藝人驟然過世，卻因為沒有任何規劃，或規劃不夠周詳，而留下許多問題與紛爭。

　　其實，不是只有豪門或高收入的藝人才會有資產傳承的煩惱，也不是只有他們才會產生繼承上的糾紛，依實務經驗來說，**就算是資產不多的一般人，也有可能因為財產分配或遺產繼承方面的問題，產生許多糾紛**，甚至家人翻臉、兄弟鬩牆，只是有沒有上報的差別而已。父母最不希望看到的，肯定是兄弟姊妹間因為財產對簿公堂，因此資產的傳承終究是必須面對的課題，應該用更積極的態度規劃。

提早準備，避免糾紛與高額稅捐

這是一門藝術，也是一門學問，因為資產傳承規劃，必須了解繼承人們的性格，以及自己資產的屬性與特性，再去行整體的規劃，畢竟繼承人間會不會因此產生爭執，或資產的傳承、分配規劃是否有效，是否可以節省稅捐，皆有必要事先進行規劃與計算，才能達到想要的結果或貼近你的目標。

資產分配得太早，可能會導致繼承人間產生爭執、傷了和氣，或是繼承人因為已經預先取得財產，所以對給予者態度丕變，甚至短時間內就敗光財產；資產分配規劃得太晚，可能會導致無法節稅，或資產延續、遺產繼承沒能按照自己的計畫進行；資產沒有任何規劃，當然不能說一定不好（例如已事先預估不會繳納高額遺產稅或甚至免稅，且繼承人間也肯定不會因為遺產分割而產生爭執），**但是沒有任何規劃，通常會導致產權分散、繼承人間對於遺產分割產生爭執或稅捐負擔高等缺點。**所以如何拿捏分配、規劃的時間點，也是必須妥善考慮的重點。

搭配不同工具，讓資產傳承極大化

不論是活著的時候贈與財產，也就是生前贈與；或是過世後才分配財產，也就是遺產分配，都會有稅捐問題。一個是「贈與稅」，另一個則是「遺產稅」，兩者只是計算的方式和課稅的稅率不一樣，因為每個人遭遇的狀況不同，並沒有哪種絕對好或壞，規劃前建議可以先找專業人士計算看看，也可以當作規劃時的參考依據。

利用生前贈與減少稅金是一個常見的途徑，不過因為贈與稅的免稅額是每位贈與人每年 244 萬元，也就是**每位贈與人每年不論贈與給多少人，累計贈與金額合計不超過 244 萬元，才可以免徵贈與稅**。如果是過世後才將財產分配給繼承人，盡量降低可能產生的遺產稅或其他可能被課徵的稅捐，把稅金的課徵最小化也是遺產規劃的關鍵。

此外，對於資產延續、傳承的規劃，除了遺囑，也有信託、保險等其他工具可以搭配使用，因此也必須有所了解，並視情況搭配運用，才能讓資產有效傳承並極大化。

預先為繼承人設想與建立財務安全

　　雖然自民國 110 年 9 月 1 日起，全國同步實施單一窗口回復金融遺產資料之便民措施，繼承人可網路申請、線上下載，或就近至任一國稅局分局、稽徵所或服務處之全功能櫃檯查詢被繼承人金融遺產資料，以及國稅局提供的被繼承人財產、所得清單及死亡前二年內贈與資料查詢服務，但是畢竟可能還是有些財產沒辦法透過這樣的查詢得知，例如：黃金、珠寶、古董、以他人名義持有的財產、投資或其他有價值的資產，所以建議生前最好能將相關資料蒐集並整理好，放置於將來繼承人可以找得到的地方，以利繼承人順利取得、繼承，資產得以有效延續。

　　很多人為了下一代，會選擇投入大筆的教育經費，讓子女接受良好的教育，希望子女能獨立、成長，有更順利的人生。教育固然是件重要的事，但如何在自己離開子女身邊後，他們仍能過上安穩、無憂的生活，應該是作為家長最大的願望，這時，擬定繼承計畫，透過資產有效傳承、延續，為繼承人建立財務上的安全，進而協助他們獲得事業上的成功及生活上的安穩，便是最直接、有效的方式。

　　許多人終其一生，耗費極多時間創造與累積財產，但卻

沒有花太多時間規劃資產該如何傳承與延續，導致繼承人間
出現糾紛、權益受損等。如果能事先規劃，便能讓身後財產
順利找到接班人，使最後一桶金發揮最大效用，獲得資產的
繼承人有更多的資源及能力，也能獲得更好的生活，甚至創
造更卓越的財富。

39　如何節省遺產稅？

 哪些是遺產稅課徵的範圍？

　　如果呂先生清查完父親的財產狀況後，認為父親的財產應該大於負債，還是需要繼承父親遺產的話，接下來呂先生就必須向國稅局申報遺產稅，但是遺產稅究竟應該要如何申報呢？哪些屬於不計入課稅遺產總額的財產？免稅額是多少？又有哪些扣除額可以扣除？

 我國國民，境內境外財產皆須繳遺產稅

課徵對象

　　遺產稅的課徵對象是採「屬人兼屬地主義」。「屬人主

義」是指，對於遺產只要是屬於被繼承人所有，不論是在境內或境外，一律要納入課徵遺產稅的範圍；「屬地主義」，則是指僅對境內的遺產進行課稅，位於境外的遺產則不納入課徵遺產稅的範圍（見圖表 7-1）。

《遺產及贈與稅法》第 1 條的第 1 項和第 2 項即明訂課徵對象：「凡經常居住中華民國境內之中華民國國民死亡時遺有財產者，應就其在中華民國境內境外全部遺產，依本法規定，課徵遺產稅。」「經常居住中華民國境外之中華民國國民，及非中華民國國民，死亡時在中華民國境內遺有財產者，應就其在中華民國境內之遺產，依本法規定，課徵遺產稅。」也就是所謂的「屬人主義」與「屬地主義」。

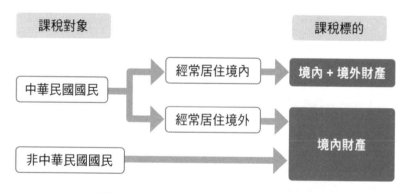

圖表 7-1　遺產稅的課徵對象與標的

法規中「經常居住在境內的國民」是指：

1. 死亡事實發生前二年內，在國內有住所（在台灣有戶籍）者。
2. 無住所（在台灣無戶籍）但有居所，且死亡事實發生前二年在我國境內居留時間合計超過 365 天者[*]。

如果都不符合前兩項條件者，即屬於「經常居住在境外的國民」。

納稅義務人

遺產稅的納稅義務人有三種：

1. 有遺囑執行人，則為遺囑執行人。
2. 無遺囑執行人，則為繼承人及受遺贈人。
3. 無遺囑執行人及繼承人，為依法選定的遺產管理人[†]。

---

[*] 《遺產及贈與稅法》第 4 條第 3 項參照。
[†] 《遺產及贈與稅法》第 6 條第 1 項參照。

申報期限與方式

申報期限是自被繼承人死亡起「6 個月」內，必須向國稅局辦理遺產稅申報[*]，如具有正當理由不能如期申報者，可以用書面申請延長「3 個月」[†]（見圖表 7-2），如果有不可抗力或其他特殊理由，無法在延長期限內申報時，可詳述不能如期申報的理由，報由稽徵機關視實際情形，核准是否延長期限。

納稅義務人未依期限申報遺產稅，國稅局可按核定應納稅額加處二倍以下的罰鍰[‡]。

	申報期限
原則	被繼承人死亡起 6 個月內
例外	得以書面申請延長 3 個月

圖表 7-2　申報期限與例外

申報方式可以至各地區國稅局臨櫃申報，或至財政部電

---

[*] 《遺產及贈與稅法》法第 23 條第 1 項參照。

[†] 《遺產及贈與稅法》第 26 條參照。

[‡] 《遺產及贈與稅法》第 44 條參照。

子申報繳稅服務網站下載遺產稅申辦系統，以自然人憑證、
健保卡（須已申辦「健保卡網路服務註冊」的健保卡），或
其他經財政部審核通過的電子憑證進行網路申報。

　　**被繼承人死亡時遺有財產者，不論有無應納稅額，納稅
義務人均應填具遺產稅申報書向主管稽徵機關據實申報**[*]，所
以被繼承人所留的財產，不論金額大小或是否超過免稅額，
都應該辦理遺產稅申報。

申報所需文件

　　申報所需的文件及相關說明，可見圖表 7-3。

所需文件	說明
遺產稅 申報書	申報書應加蓋納稅義務人私章。委任他人代辦者，應加蓋受任人私章。 委託他人辦理者，必須一併檢附受任人身分證及印章，且應另附委任書。
被繼承人除 戶戶籍謄本	其他例如死亡診斷證明書，或載有死亡日期之戶口名簿影本等。

（接下頁）

---

[*]　《遺產及贈與稅法施行細則》第 20 條第 1 項參照。

所需文件	說明
所有繼承人的戶籍資料	1. 戶籍謄本正本或戶口名簿影本。 2. 繼承人中如有先被繼承人死亡者，應檢附死亡繼承人除戶謄本，如有代位繼承人，應檢附代位繼承人現在的戶籍謄本或戶口名簿影本；繼承人若拋棄繼承權者，應檢附經法院准予備查之文件。
繼承系統表	無制式格式，只要能清楚表達即可。
被繼承人的財產資料	1. 土地：應檢附土地登記謄本（可向地政事務所申請）。**土地以被繼承人死亡時之「時價」為準**。時價是指，土地以「公告現值」（土地登記謄本或地價稅單上面會有記載，不是「市價」）或評定標準價格為準。 2. 房屋：應檢附房屋登記謄本（可向地政事務所申請）。**房屋以「評定標準價格」為準**（房屋稅單或稅捐機關出具被繼承人死亡當期的房屋評定標準價格證明上會有記載）。違章建築也包含在內。 3. 銀行存款：於補摺後影印存摺封面、死亡日的內頁、定期存單或定存頁（如存摺遺失，可至金融機構申請死亡日的「存款餘額證明書」）；或向國稅局查詢到的金融遺產資料。 4. 上市、櫃股票：集保存摺於補摺後影印證券存摺封面、死亡日之內頁（如證券存摺遺失，可至證券公司申請死亡日的「持股餘額證明」）；或向國稅局查詢到的金融遺產資料。 5. 基金：以被繼承人死亡時的「基金淨值」作為計算標準，基金淨值可向投信公司查詢，並請其出具相關的證明文件；或向國稅局查詢到的金融遺產資料。

圖表 7-3　申報所需文件

　　另因每個人狀況不一，申報遺產稅時可能會需要檢附其他資料或文件，因此仍應視具體個案狀況而定。

遺產稅的計算

　　遺產稅的計算步驟如下：

> **步驟一：計算「課稅遺產總額」**
>
> 課稅遺產總額＝（被繼承人死亡時的全部財產 - 不計入課稅遺產總額的財產）＋ 死亡前兩年贈與配偶或特定親屬的財產

> **步驟二：計算「課稅遺產淨額」**
>
> 課稅遺產淨額＝課稅遺產總額 - 扣除額 - 免稅額 - 配偶剩餘財產差額分配請求金額

> **步驟三：計算「應納遺產稅金額」**
>
> 視「課稅遺產淨額」多寡，適用不同稅率

步驟一：計算「課稅遺產總額」

• **基本計算方式**

> 課稅遺產總額＝（被繼承人死亡時的全部財產 - 不計入課
> 稅遺產總額的財產）＋死亡前兩年贈與配偶或特定親屬
> 的財產

• **不計入課稅遺產總額的財產：**

1.	遺贈人、受遺贈人或繼承人捐贈： (1) 各級政府及公立教育、文化、公益、慈善機關之財產。 (2) 公有事業機構或全部公股之公營事業之財產。 (3) 於被繼承人死亡時，已依法登記設立為財團法人組織且符合行政院規定標準之教育、文化、公益、慈善、宗教團體及祭祀公業之財產。
2.	遺產中有關文化、歷史、美術之圖書、物品，經繼承人向主管稽徵機關聲明登記者。但繼承人將此項圖書、物品轉讓時，仍須自動申報補稅。
3.	被繼承人自己創作之著作權、發明專利權及藝術品。
4.	被繼承人日常生活必需之器具及用品，其總價值在 89 萬元以下部分。
5.	被繼承人職業上之工具，其總價值在 50 萬元以下部分。
6.	依法禁止或限制採伐之森林。但解禁後仍須自動申報補稅。

（接下頁）

7.	約定於被繼承人死亡時，給付其所指定受益人之人壽保險金額、軍、公教人員、勞工或農民保險之保險金額及互助金。
8.	被繼承人死亡前 5 年內，繼承之財產已納遺產稅者。
9.	被繼承人配偶及子女之原有財產或特有財產，經辦理登記或確有證明者。
10.	被繼承人遺產中經政府闢為公眾通行道路之土地或其他無償供公眾通行之道路土地，經主管機關證明者。但其屬建造房屋應保留之法定空地部分，仍應計入遺產總額。
11.	被繼承人之債權及其他請求權，不能收取或行使確有證明者。
12.	遺贈人、受遺贈人或繼承人提供財產，捐贈或加入於被繼承人死亡時已成立之公益信託並符合下列各款規定者，該財產不計入遺產總額： (1) 受託人為信託業法所稱之信託業。 (2) 各該公益信託除為其設立目的舉辦事業而必須支付之費用外，不以任何方式對特定或可得特定之人給予特殊利益。 (3) 信託行為明定信託關係解除、終止或消滅時，信託財產移轉於各級政府、有類似目的之公益法人或是公益信託。

- 死亡前二年內，贈與配偶或特定親屬的財產

被繼承人死亡前二年內贈與配偶、《民法》規定的各順序繼承人或其配偶[*]之財產，應於被繼承人死亡時，視為被繼承人的遺產，併入遺產總額，依法徵稅[†]。

這裡有個重要觀念須特別說明，有些人會有錯誤的觀念，以為在被繼承人重病時，趕快把存款都從銀行領出來，就可以不被課遺產稅，但依據《遺產及贈與稅法施行細則》第 13 條規定：「被繼承人死亡前因重病無法處理事務期間舉債、出售財產或提領存款，而其繼承人對該項借款、價金或存款不能證明其用途者，該項借款、價金或存款，仍應列入遺產課稅。」

所以其實國稅局會去比對被繼承人的綜合所得稅申報資料，推估其銀行存款金額，若是遺產稅申報的銀行存款被發現有大筆提領狀況的話，國稅局會請繼承人說明資金流向、用途，如果繼承人無法說明或舉證，則國稅局是會將該等款項列入遺產範圍中，進而予以課徵遺產稅。

---

[*] 《民法》第 1138 條及第 1140 條參照。

[†] 《遺產及贈與稅法》第 15 條參照。

步驟二：計算「課稅遺產淨額」

- ### 基本計算方式

> 課稅遺產淨額 = 課稅遺產總額 - 扣除額 - 免稅額（1,333
> 萬）- 配偶剩餘財產差額分配請求金額

- ### 扣除額

1.	被繼承人遺有配偶者，自遺產總額中扣除 493 萬元。
2.	繼承人為直系血親卑親屬者，每人得自遺產總額中扣除 50 萬元。有未成年者，可以按其年齡距屆滿成年之年數，每年加扣 50 萬元。但親等近者拋棄繼承由次親等卑親屬繼承者，扣除之數額以拋棄繼承前原本可以扣除之數額為限。
3.	被繼承人遺有父母者，每人得自遺產總額中扣除 123 萬元。
4.	前三項所定之人如為《身心障礙者權益保護法》規定之重度以上身心障礙者，或《精神衛生法》規定之嚴重病人，每人得再加扣 618 萬元。
5.	被繼承人遺有受其扶養之兄弟姊妹、祖父母者，每人得自遺產總額中扣除 50 萬元；其兄弟姊妹中有未成年者，並得按其年齡距屆滿成年之年數，每年加扣 50 萬元。

（接下頁）

6.	遺產中作農業使用之農業用地及其地上農作物，由繼承人或受遺贈人承受者，扣除其土地及地上農作物價值之全數。承受人自承受之日起 5 年內，未將該土地繼續作農業使用且未在有關機關所令期限內恢復作農業使用，或雖在有關機關所令期限內，已恢復作農業使用而再有未作農業使用情事者，應追繳應納稅賦。但如因該承受人死亡、該承受土地被徵收或依法變更為非農業用地者，不在此限。
7.	被繼承人死亡前 6 年至 9 年內，繼承之財產已納遺產稅者，按年遞減扣除 80%、60%、40% 及 20%。
8.	被繼承人死亡前，依法應納之各項稅捐、罰鍰及罰金。
9.	被繼承人死亡前，未償之債務，具有確實之證明者。
10.	被繼承人之喪葬費用，以 123 萬元計算。
11.	執行遺囑及管理遺產之直接必要費用。

- **免稅額**

　　被繼承人如為經常居住中華民國境內之中華民國國民，自遺產總額中減除免稅額 1,333 萬元；其為軍警公教人員因執行職務死亡者，加倍計算。

　　計算完「遺產總額」後，接著要減去《遺產及贈與稅法》第 18 條之免稅額新台幣 1,333 萬元。此處請留意，財政部依據消費者物價指數，將免稅額從原本的 1,200 萬元調整至

1,333 萬元，換言之，只要繼承發生日（被繼承人死亡日）在民國 111 年 1 月 1 日以後，均可適用 1,333 萬元之免稅額。

- 配偶剩餘財產差額分配請求金額

被繼承人之配偶依《民法》主張配偶剩餘財產差額分配請求權，得向稽徵機關申報自遺產總額中扣除。但必須於稽徵機關核發稅款繳清證明書或免稅證明書之日起 1 年內，給付該請求權金額，否則稽徵機關會就未給付部分追繳應納稅賦[*]。

步驟三：計算「應納遺產稅金額」

> 視「課稅遺產淨額」多寡，適用不同稅率

法規規定的稅率與金額：

課稅級距	金額	稅率
一	5,000 萬元以下	10%
二	超過 5,000 萬元至 1 億元	課徵 500 萬元 + 超過 5,000 萬元部分之 15%
三	超過 1 億元	課徵 1,250 萬元 + 超過 1 億元部分之 20%

---

[*] 《遺產及贈與稅法》第 17 條之 1 參照。

算出「遺產總額 - 扣除額 - 免稅額」後，再依照不同金額，對照下列級距，乘以不同稅率，接著再減去累進差額：

級距	稅率	累進差額
5,000 萬元以下	10%	0
超過 5,000 萬元 ~1 億元	15%	250 萬元
超過 1 億元	20%	750 萬元

課稅遺產淨額 =（遺產總額 - 免稅額 - 扣除額）× 稅率 - 累進差額 - 扣抵稅額

「扣抵稅額」是指在國外已繳納遺產稅，或被繼承人死亡前 2 年贈與之財產，應將已繳納之贈與稅及土地增值稅，自遺產總額中扣除[*]。

核定結果

應繳遺產稅

國稅局會核發「核定通知書」及「繳款書」，遺產稅納

---

[*] 《遺產及贈與稅法》第 11 條參照。

稅義務人應於送達核定通知書之日起 2 個月內，繳清應納稅款；必要時，得於限期內申請核准延期 2 個月[*]。

納稅義務人對於核定之遺產稅應納稅額，逾期繳納者，每逾 2 日加徵應納稅額 1%滯納金；逾 30 日仍未繳納者，主管稽徵機關應移送強制執行[†]。

納稅義務人可以選擇現金繳納或申請實物抵繳，也可以申請分期繳納[‡]。繳清稅款後，繼承人可持身分證、印章及繳款書正本至原申報單位申請核發「遺產稅繳清證明書」[§]，繳清後即可申請辦理不動產繼承登記。

免繳遺產稅

國稅局會核發「遺產稅免稅證明書」，繼承人再查明有無欠稅（地價稅、房屋稅），有欠稅的話要先繳清，繳清後即可申請辦理不動產繼承登記。

遺產稅率目前已經改為三級累進稅率，最低稅率為 10

---

[*] 《遺產及贈與稅法》第 30 條第 1 項參照。

[†] 《遺產及贈與稅法》第 51 條第 1 項參照。

[‡] 《遺產及贈與稅法》第 30 條第 2 項至第 4 項參照。

[§] 《遺產及贈與稅法》第 41 條第 1 項參照。

％，而最高稅率為 20％ [*]，也就是**累積財富越多，所需適用的稅率就會越高**，如果面對國家要對自己累積一輩子的財富進行課稅，但自己卻又沒有事先妥善規劃，那麼將來所產生的遺產稅金額可能會相當可觀。因此，對於個人資產傳承的規劃，會比以前單一稅率 10％ 的年代，更加重要！

---

[*] 《遺產及贈與稅法》第 13 條參照。

40　用保險規劃身後財產

 保險理賠也會被課遺產稅嗎？

　　喬先生聽說投保人壽保險，將來如果自己過世後，保險公司給付給受益人的保險金是可以不用被課遺產稅的，於是喬先生就向保險公司投保幾張，自己為要保人也是被保險人的人壽保險，身故保險金的受益人則是指定為喬太太。

　　但喬太太幾年後因病去世，這時候喬先生該怎麼做，才能避免將來保險公司在自己過世後給付的保險金，被列入遺產的範圍而被課徵遺產稅呢？

 給付給受益人的保險金，不屬於遺產

　　根據《遺產及贈與稅法》規定，約定於被繼承人死亡

時，給付其所指定受益人的人壽保險金額，是不納入遺產總額的[*]；另外《保險法》也有規定：「保險金額約定於被保險人死亡時給付於其所指定之受益人者，其金額不得作為被保險人之遺產。」[†]

所以，**如果被繼承人投保人壽保險時「有指定受益人」，且自己為被保險人，則保險事故發生，保險公司就會將保險金給付給受益人，此部分的金額不屬於遺產的範圍；**但是如果投保人壽保險時「沒有指定受益人」，或是「受益人已經死亡」的情形，那麼該保險契約就屬於沒有受益人的狀況，所以如果保險事故發生，保險公司所給付的保險金，就會被認定為屬於遺產的範圍[‡]。

應特別注意的是，必須是「要保人與被保險人為同一人」的情況下，才能將約定於要保人死亡時，應給付予其指定受益人的人壽保險金額，排除在遺產總額的計算範圍，如果「要保人與被保險人為不同人」，例如先生以太太為被保險人，先生自己是要保人，向保險公司投保人壽保險，在先生過世時，因為身為被保險人的太太還在世，所以保險事故

---

[*]　《遺產及贈與稅法》第 16 條第 9 款參照。

[†]　《保險法》第 112 條參照。

[‡]　《保險法》第 113 條參照。

尚未發生，也就沒有保險金額的給付問題，但是因為先生投保的保險，是具有保單價值的財產，所以依法會被算入被繼承人遺產總額的範圍，而被課徵遺產稅。

另外，如果受益人受領的身故死亡保險給付，**每一申報戶全年合計數在不超過 3,330 萬元範圍，才不會被課稅**，如果超過 3,330 萬元，超過的部分，還是會被計入課徵綜合所得稅中，這點在做保險規劃時，必須特別注意。

最後要提醒的是，目前國稅局會依據被繼承人投保的目的、動機、時間、年齡、身體健康狀況、保單金額的高低、保險金是否躉繳或投保時間與事故發生時間的遠近等種種條件與狀況，判斷被繼承人投保是否純粹是為了規避遺產稅。

如果被認為是故意規避遺產稅，那麼國稅局依照「實質課稅原則」，仍會將被繼承人死亡時，保險公司應給付的保險金金額，計入被繼承人的遺產範圍，予以課徵遺產稅。

舉例來說，被繼承人於死亡前 1 年內，以躉繳方式投保還本終身壽險型保單兩張共約新台幣 2,600 萬元，投保時約已 70 歲，其中包含貸款約新台幣 2,000 萬元，並指定其配偶為受益人，而被繼承人於投保時已患有冠心症、心肌梗塞、中風及糖尿病等病症。

因為保險是就不可預料或不可抗力之事故，本於風險分

散之原理,即付出較少之代價(保費)卻能獲得較大之保障,故《遺產及贈與稅法》及《保險法》關於被保險人死亡時給付於其所指定受益人的人壽保險金額,不計入遺產總額之規定,是本於保險原理,從人道精神所做的立法裁量,並非鼓勵或容認一般人利用此方式任意規避原應負擔之遺產稅[*]。

另外,依《保險法》規定,要保人於保險契約生效後,享有隨時終止契約並取得解約金之權利[†],亦得以保險契約向保險人借款[‡],並得指定或變更受益人[§]等依保險契約享有財產上之權利。

父母以要保人身分繳付保險費所累積之利得(例如保單價值),因變更要保人為子女,是父母將自己應得《保險法》上的財產權益轉換為子女所有,屬財產移轉,經子女允受,贈與行為成立,應按截至保單要保人變更日之保單價值,課徵父母贈與稅(當年度贈與財產價額如果超過新台幣244萬元,贈與人即應辦理贈與稅申報)。

若父母不幸於變更要保人之日起2年內死亡,該保單價

---

[*] 最高行政法院 101 年度判字第 87 號判決參照。
[†] 《保險法》第 119 條參照。
[‡] 《保險法》第 120 條參照。
[§] 《保險法》第 111 條參照。

值屬於死亡前 2 年內贈與，依《遺產及贈與稅法》第 15 條規定，須併入父母遺產課稅。例如，曾有國稅局在查核遺產稅申報案件時，發現被繼承人死亡前為其子女投保多筆保險，被繼承人為要保人，被保險人為其子女，被繼承人已給付多年保險費，其於死亡前 2 年內變更保單要保人為其子女，然未依規定申報及繳納贈與稅，且繼承人於辦理被繼承人之遺產稅申報時，漏未將該等保單列入遺產，國稅局發現後，遭國稅局按所漏稅額處以一定的罰鍰。

假如被繼承人於 110 年間死亡，生前以本人為要保人，並以配偶為被保險人向保險公司購買 5 張保單，於死亡前 3 個月將這些保單的要保人變更為配偶，截至變更日之保單價值合計 500 萬元，依《遺產及贈與稅法》第 20 條規定，配偶間相互贈與之財產雖不計入贈與總額課徵贈與稅，但是依據同法第 15 條規定，被繼承人死亡前 2 年內贈與配偶的財產，應併入遺產總額課徵遺產稅，但是繼承人辦理遺產稅申報時，因為漏未將該等保單價值計入遺產總額，而導致遭國稅局通知補稅及處以罰鍰。

如果在要保人與被保險人非同一人之保單，可能發生要保人即被繼承人早於被保險人死亡，且因被保險人尚未死亡，而未發生保險理賠事由，因此保險契約仍持續生效，此

時，該保單會視同要保人的遺產，而由法定繼承人共同繼承。

因要保人即被繼承人之繼承人繼承該保單後，可主張終止契約退還解約金，也可主張該保單仍繼續有效，但是仍應按要保人死亡日之保單價值準備金併入其遺產之範圍而依法申報遺產稅。

所以建議大家，如果想利用保險節稅的話，可能盡早並合理、合法規劃，否則可能無法達到預想的節稅效果。

就前文案例而言，雖然喬先生有事先規劃用保險節省遺產稅的想法，但無奈計畫趕不上變化，喬太太竟然早於自己過世，導致原本指定的受益人不存在，如果在保險契約受益人未更改的狀況下，喬先生就因故過世，受益人仍然記載為喬太太的話，等於是喬先生發生保險事故時，**保險契約是沒有受益人存在的狀態，那麼將來該筆保險金會被視為遺產的一部分，而被課徵遺產稅。**

所以喬先生應該盡早向保險公司聲請變更指定受益人，才能避免將來可能被課徵遺產稅，無法達到節稅的效果。或建議讀者投保時，可以依照順序將家人指定為保險受益人，而且無論指定幾位受益人，最後一定要記得填上「法定繼承人」。

41 藉由信託保障不擅理財的繼承人

怕繼承人很快花光遺產怎麼辦？

　　M 小姐雖然未結婚，但工作非常努力，在業界的知名度也相當高，幾十年下來累積了數億的財產，但不幸的是，前幾週經由醫師診斷後，確定罹患癌症。

　　M 小姐年齡才四十初頭，還有六十多歲的母親必須照顧，M 小姐一方面擔心自己身後沒有人可以好好照顧母親，另一方面也了解母親的個性，可能在自己身後沒辦法管理大批遺產，浪費奢侈、不擅打理而很快就將遺產敗光。這時候 M 小姐應該如何安排，才能讓母親於自己身後還能維持日常生活開銷，又可以不用擔心母親很快就把自己留下的遺產花費殆盡，晚年生活遭遇困難呢？

法律視角 用信託幫繼承人管理財產

財產信託

　　遺產規劃雖然聽起來是針對「錢」而言，但是往往真正重要的還是要視涉及的「人」而去設計，所以了解繼承人的屬性與性格，也是一門重要的課題。假設繼承人可能無法自行管理財產（例如繼承人年紀幼小、有身心障礙或年事已高）、可能會有敗光財產的風險（例如繼承人好賭或有奢侈浪費的習性），甚至繼承人間可能發生爭產的狀況，此時或許可以考慮以「遺囑信託」的方式處置遺產（見圖表 7-4）。

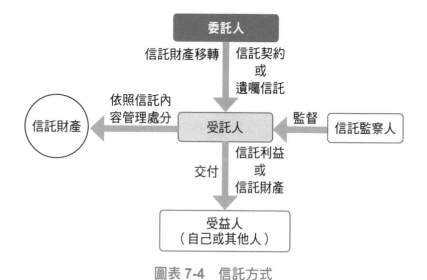

圖表 7-4　信託方式

　　「信託」是指，委託人將財產權移轉或做其他處分，使受託人依信託本旨，為受益人的利益或為特定的目的，管理或處分信託財產的法律關係，受益人因信託之成立而享有信託利益。信託不僅可以有效地使資產在世代間進行移轉與傳承，而且你也可以自行制定信託內容或管理規則，以保護資產得以延續。

　　根據我國《信託法》的規定，信託除法律另有規定外，應以「契約」或「遺囑」為之[*]；所以「信託」除了可以以信託契約成立的方式處理，也可以運用「遺囑信託」，讓自己的財產在身後仍依照自己的意志進行規劃，遺囑信託必須要委託人所立的遺囑生效後才會生效，而遺囑依據法律規定，必須要等到立遺囑人死亡時方發生效力，所以遺囑信託又稱為「死後信託」。

　　遺囑人透過遺囑信託的方式將財產交付信託，除了可以實現對於遺產的分配與規劃，也可以設計照顧受益人的方式。此外，信託財產具有一定的獨立性，對信託財產原則上也不得強制執行，較不怕被隨意處分或遭到扣押、執行[†]。

---

[*]　《信託法》第 2 條參照。

[†]　《信託法》第 12 條第 1 項參照。

因遺囑成立的信託，於遺囑人死亡時，其信託財產還是必須計入遺產的範圍，並依法課徵遺產稅[*]，不代表就不需要課稅，這點也必須注意。

為了能讓遺囑信託有效執行，防止繼承人拒不移轉信託財產，所以遺囑人最好是在遺囑中指定「遺囑執行人」，以免徒有遺囑卻無法運作。

受託人因信託財產的管理或處分取得的財產權、收入，仍屬信託財產[†]；受託人死亡時，信託財產不屬於其遺產[‡]；受託人破產時，信託財產不屬於其破產財團[§]。遺囑指定的受託人拒絕或不能接受（例如已經死亡、患有重病）信託時，利害關係人（例如受益人或委託人的繼承人）或檢察官得聲請法院選任受託人。但遺囑另有訂定次順序接任的受託人者，不在此限[¶]。

當然，如果要在生前就以信託方式處理自己的資產，作為傳承與延續，也是可以的，透過專業的受託人來進行資產

---

[*] 《遺產及贈與稅法》第 3 條之 2 第 1 項參照。

[†] 《信託法》第 9 條第 2 項參照。

[‡] 《信託法》第 10 條參照。

[§] 《信託法》第 11 條參照。

[¶] 《信託法》第 46 條參照。

的管理，潛在的繼承人還是可以依照你指示的受益比例享有收益。

例如，香港女星李嘉欣的公公許世勳生前已將財產信託，因此她的先生許晉亨也無法直接繼承到價值約港幣 420 億元（約新台幣 1,680 億元）的遺產，但他們可月領港幣 200 萬元（約新台幣 800 萬元）的生活費。

除了可透過信託順利傳承、延續資產，高齡長輩也可以藉由信託防止子女間爭產並保障自己的老年生活。如果高齡長輩因怕子女要求於生前就分配財產，並擔心自己的資產引發家庭紛爭，也可以透過「自益信託」方式，將這些資產能用於照顧自己到身故為止，若有剩餘的資產再給繼承人分配，受託人也會按照信託內容管理信託財產，並按照信託內容每月支付生活費、醫療費及看護費用等費用，也不怕沒錢可用或無人照顧。

自益信託的委託人（即受益人）死亡時，如果信託關係不因委託人死亡而消滅，在繼承人未終止信託關係前，依規定，信託利益應由受益人（即委託人）的繼承人享有。

M 小姐可以將名下遺產移轉託付給信託管理公司，讓專業經理人負責管理財產，如果沒有其他特殊狀況，母親只能

每個月固定從信託公司拿到生活費，以供日常生活開銷。在這樣的安排下，只要信託公司好好管理這些遺產，M 小姐母親的晚年生活應該不至匱乏，也讓她對母親的愛與關懷，在她過世後能延續下去。

結語
提前布局最後一桶金，讓愛延續

你有想過如果今天是你人生的最後一天，你的家人、朋友是否會因為你的離去而陷入困境或混亂？你想要跟你所愛的家人朋友說些什麼？你想要傳達什麼心意？

或許是多說幾次我愛你，但你也可以開始為他們安排將來的生活，並提供財務上的支持，在你離開人世後，他們也能生活無虞，讓你生前累積的資產，能延續下去，將遺產的價值極大化、風險極小化。

看到這裡，相信你已經將本書的內容都已經詳閱過了，而本書中所舉的案例，你可能會覺得似曾相似，那是因為這些其實都是我們周遭真實上演的案例，也極有可能發生在我們身上。希望藉由本書的詳細說明後，能讓你面對遺產繼承等相關問題時，不至於手足無措或不知從何著手。

本書不僅能幫助你自己，也希望你能吸收及運用本書中介紹的知識與技巧，協助你的父母或親朋好友面對問題、解決問題。

　　許多人終其一生花費了極多時間創造並累積財富，但卻沒有花費太多的時間就資產的傳承、延續做規劃。但唯有擬定繼承計畫，透過資產有效傳承、延續，才能保障親愛的家人或至親好友，我想這也是多數人的最後願望。

　　即使你對本書所提及的遺產繼承相關議題仍有距離感，那也沒關係，希望你能先了解相關知識後，然後逐漸開始著手安排與規劃，因為每個人有朝一日都會面臨到死亡，但是卻沒有任何人可以預期它會在什麼時候、以什麼樣的形式來臨，現在就開始準備，永遠都不嫌太遲！

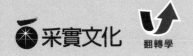

翻轉學 翻轉學系列 095

人生理財的失落環節——遺產
為人父母與子女都該超前部署的財務課題

作　　　　者	李志正
封 面 設 計	FE 工作室
內 文 排 版	黃雅芬
責 任 編 輯	袁于善
行 銷 企 劃	陳可錞·陳豫萱
出版二部總編輯	林俊安

出 版 者	采實文化事業股份有限公司
業 務 發 行	張世明·林踏欣·林坤蓉·王貞玉
國 際 版 權	鄒欣穎·施維真
印 務 採 購	曾玉霞
會 計 行 政	李韶婉·簡佩鈺·謝佩慈
法 律 顧 問	第一國際法律事務所　余淑杏律師
電 子 信 箱	acme@acmebook.com.tw
采 實 官 網	www.acmebook.com.tw
采 實 臉 書	www.facebook.com/acmebook01

I S B N	978-986-507-950-5
定　　　價	380 元
初 版 一 刷	2022 年 9 月
劃 撥 帳 號	50148859
劃 撥 戶 名	采實文化事業股份有限公司
	104 台北市中山區南京東路二段 95 號 9 樓
	電話：(02)2511-9798　傳真：(02)2571-3298

國家圖書館出版品預行編目資料

人生理財的失落環節——遺產：為人父母與子女都該超前部署的財務課題
/ 李志正著 . – 台北市：采實文化，2022.9
272 面；14.8×21 公分 . --（翻轉學系列；95）
ISBN 978-986-507-950-5（平裝）
1.CST: 遺產 2.CST: 財產繼承 3.CST: 遺囑
584.53　　　　　　　　　　　　　　　　　　111011916

采實出版集團
ACME PUBLISHING GROUP

翻轉學

翻轉學